존 맥아더의
어떻게 성경을 공부하는가?

이 시대 최고의 성경 교사 존 맥아더 목사에게 배우는 성경 공부법

존 맥아더의
어떻게 성경을
공부하는가?

존 맥아더 지음 | 임지연 옮김

차례

Chapter 1

그리스도인의
삶에 녹아 있는
말씀의 힘

how to stu

y the bible

CHAPTER 1

그리스도인이라면 성경 공부하는 법을 알아야 한다. 그러면 스스로 하나님의 말씀을 깊이 파고들어 성경에 담긴 깊은 지혜를 얻을 수 있기 때문이다. 나는 예레미야 15장 16절 가운데 "내가 주의 말씀을 얻어 먹었사오니 주의 말씀은 내게 기쁨과 내 마음의 즐거움"이라는 예레미야의 말을 자주 되새기곤 한다.

하나님의 말씀, 곧 성경은 엄청난 자원의 보고다. 그리스도인이라면 성경을 이해하는 능력을 기르는 일에 게을러지면 안 된다. 성경을 공부하는 법을 제대로 알아야 하는 것이다. 하지만 이에 앞서 성경 공부가 중요한 이유를 이해해야 한다.

영국의 소설가이자 시인이며 위대한 그리스도인이었던 월터 스콧(Walter Scott)은 임종이 가까워 오자 비서에게 이렇게 말했다.

"내게 그 책을 가져다주게."

그의 비서는 서재에 가득 찬 수천 권의 책을 쳐다보며 물었다.

"스콧 박사님, 이 중 어떤 책 말씀이십니까?"

그러자 그가 말했다.

"죽어 가는 이를 위한 유일한 책, 성경 말일세."

나는 이 대목에서 성경이 '죽어 가는 이'뿐 아니라 '살아 있는 이'를 위한 유일한 책이기도 하다고 덧붙여야겠다. 성경은 죽어 가는 자의 희망일 뿐 아니라 생명의 말씀이기도 하기 때문이다. 그렇기 때문에 우리는 굉장한 흥분과 기대를 품고 하나님의 말씀을 펼치는 것이다.

성경을 공부하는 법을 당신과 공유하기에 앞서 먼저 나누고자 하는 이야기는 성경의 권위에 대한 것이다. 그러면 성경 공부의 중요성을 이해할 수 있을 것이다. 또한 처음부터 성경은 하나님의 말씀이라는 사실을 밝혀 두고 시작하겠다. 성경은 인간의 의견이나 철학 혹은 누군가의 사상, 위대한 인물의 위대한 사고의 통합물이 아닌, 하나님의 말씀이다. 우리가 그렇게 생각해야 하는 몇 가지 근거를 살펴보자.

성경의 속성

성경에는 오류가 없다

성경은 그 전체에 오류가 없다. 구체적으로 말하자면 그 최초의 원본에는 오류가 없다. 시편 19편 7절에서도 "여호와의 율법은 완전"하다고 말하고 있다. 최고 권위를 가지고 계시며 완전 무결하신 하나님께서 성경을 쓰셨다면, 성경 역시 최고 권위를 가지며 완전 무결한 것이다. 하나님은 완전하시므로, 그분의 말씀이 처음 기록된 원본 역시 완전한 것임에 틀림없다. 그러므로 성경에는 오류가 없는 것이다. 그리고 이것이 성경을 공부해야 하는 첫 번째 이유다. 오류가 없으며 그 내용이 모두 진실인 유일한 책이기 때문이다.

성경은 오류가 없을 뿐만 아니라 다음과 같은 특성도 있다.

성경은 정확하다

성경은 전체적으로 오류가 없을 뿐 아니라 세부적으로도 하나하나 정확하다. 잠언 30장 5~6절의 말씀을 살펴보자. "하나님의 말씀은 다 순전하며 … 너는 그의 말씀에 더하지 말라 그가 너를 책망하시겠고 너는 거짓말하는 자가 될까 두려우니라." 이처럼 주님의 모든 말씀은 순수하고 참되다.

성경은 오류가 없고 정확하다. 또한 다음과 같은 특성도 있다.

성경은 완전하다

성경에는 아무것도 더할 필요가 없다. 오늘날 또 다른 계시가 필요하다고 믿는 신정통주의자들에게는 놀라운 이야기일지도 모르겠다. 신정통주의(Neo-Orthodoxy)라는 신학 사상은 현재 우리가 사용하는 성경은 당시 사람들이 겪은 영적 경험에 대

한 해설이므로, 오늘날 사람들에게는 또 다른 설명이 필요하다
는 견해를 피력한다.

한편으로 우리가 가지고 있는 성경이 쓰인 시대와 마찬가지
로, 오늘날 하나님이 무엇을 하고 계시는지 설명해 줄 무언가
가 필요하기 때문에 지금 시대에 맞게 쓰인 성경이 필요하다고
주장하는 사람도 있다. 또한 교회에서 일반 성도가 "주님이 제
게 이렇게 말씀하셨어요"라고 말할 때면 그가 이사야, 예레미야
를 비롯한 다른 선지자들과 동등하게 영감을 받는다고도 한다
(J. Rodman Williams, *The Era of the Spirit*, Logos International, 1971).

다시 말해, 이런 이들은 성경이 완전하지 않다고 주장한다.
이것이 현재 신학 사상의 일부 기조다. 그러면 성경의 마지막
권, 요한계시록의 끝부분을 살펴보자. "만일 누구든지 이것들
외에 더하면 하나님이 이 두루마리에 기록된 재앙들을 그에게
더하실 것이요 만일 누구든지 이 두루마리의 예언의 말씀에서
제하여 버리면 하나님이 이 두루마리에 기록된 생명나무와 및
거룩한 성에 참여함을 제하여 버리시리라"(계22:18b~19).

성경에 무언가를 빼고 덧붙이지 않도록 경고하고 있는 것
이다. 이것이 바로 성경의 완전함의 증거다. 성경은 전체적으로

오류가 없고 모든 부분이 정확하며, 그래서 완전하다.

성경의 네 번째 속성은 다음과 같다.

성경에는 권위가 있다

성경은 오류가 없고, 정확하고, 완전하며, 성경에는 최종 권위가 있다. 이사야 1장 2절에서는 이렇게 말한다. "하늘이여 들으라 땅이여 귀를 기울이라 여호와께서 말씀하시기를."

주님이 모든 이들에게 그분의 말씀을 듣고 복종하라고 말씀하신 것은 그분이 최종 권위자이시기 때문이다. 우리는 암시와 해석, 의미에 대해 토론할 수는 있지만, 그 말씀이 진실인지 아닌지를 논해서는 안 된다.

요한복음 8장에서 예수님은 유대인 지도자들과 맞서셨고, 그 자리에는 다른 이들도 있었다. 30~31절에는 "이 말씀을 하시매 많은 사람이 믿더라 그러므로 예수께서 자기를 믿은 유대인들에게 이르시되 너희가 내 말에 거하면 참으로 내 제자가 되고"라고 나와 있다. 즉, 예수님께서는 당신의 말씀에 권위가 있으므로 이를 따르라고 요구하신 것이다.

갈라디아서 3장 10절에는 "누구든지 율법 책에 기록된 대로 모든 일을 항상 행하지 아니하는 자는 저주 아래에 있는 자라 하였음이라"라고 했다. 말씀의 절대 권위를 보여 주는 단언이다.

야고보서 2장 9~10절에서는 "만일 너희가 사람을 차별하여 대하면 죄를 짓는 것이니 율법이 너희를 범법자로 정죄하리라 누구든지 온 율법을 지키다가 그 하나를 범하면 모두 범한 자가 되나니"라고 했다. 성경 말씀을 한 가지라도 어긴다면 곧 하나님의 율법 전체를 위반한 것이 된다. 성경은 모든 부분에 권위가 있기 때문이다.

성경은 오류가 없고 정확하고 완전하며 권위가 있다. 따라서 다음과 같은 주장을 덧붙일 수 있다.

성경은 충분하다

성경은 수많은 일에 충분하다. 우선 성경은 우리가 구원을 얻는 데 충분하다. 디모데후서 3장 15절에서 바울은 디모데에게 이렇게 말한다. "또 어려서부터 성경을 알았나니 성경은 능히 너로 하여금 그리스도 예수 안에 있는 믿음으로 말미암아 구원에 이르는 지혜가 있게 하느니라." 무엇보다 성경은 '구원에 이르는 지혜'를 얻기에 충분하다. 자문해 보라. 구원보다 중요한 것이 있는가? 없다! 이것이 바로 이 세상에서 가장 위대한 진실이다.

두 번째로 성경은 누군가를 가르치기에 충분하다. 디모데후서 3장 16절은 "모든 성경은 하나님의 감동으로 된 것으로 교훈과 책망과 바르게 함과 의로 교육하기에 유익하니"라고 하여 이 점을 강조한다. 여기서 '책망'이란 당신이 누군가에게 다가가 "이봐요. 당신, 잘못된 행동을 했어요. 그렇게 행동해선 안 돼요. 세상엔 규칙이 있는데 당신은 그걸 어겼다고요"라고 말할 수 있다는 뜻이다.

성경은 잘못을 알려 줄 뿐 아니라 바른길로 안내하기에도 유익하다. 이는 당신이 방금 꾸짖은 사람에게 "이제 그렇게 행동하지 말고, 대신 이렇게 하세요. 이쪽이 바른길입니다"라고 말하는 것이다. 가르치고, 책망하고 바른길을 알려 주므로 '의로 교육하기에' 유익하다는 뜻이다. 성경은 새로운 길을 알려 주고 그 길로 가는 법을 보여 준다.

이렇듯 성경은 놀라운 책이다. 하나님을 모르는 이, 아직 구원받지 못한 이들이 말씀을 받으면 그들도 구원에 이를 수 있다. 성경은 그들을 가르치고 잘못을 꾸짖고, 바른 행동을 알려 주고 옳은 길을 가도록 일러 준다.

성경으로 교육한 결과는 17절에서 언급하듯이 "하나님의 사람으로 온전하게 하며 모든 선한 일을 행할 능력을 갖추게" 된다. 성경은 놀라우리만치 현실적이어서 모든 부분에 적용하기에 충분하다.

세 번째로, 성경은 소망을 얻기에 충분하다. 로마서 15장 4절에서도 "무엇이든지 전에 기록된 바는 우리의 교훈을 위하여 기록된 것이니 우리로 하여금 인내로 또는 성경의 위로로 소망을 가지게 함이니라"라고 말하지 않는가. 성경은 인내와 위로의 원천으로, 궁극적으로 영원한 소망을 준다.

마지막으로 성경은 복을 받기에 충분하다. 야고보서 1장 25절의 엄청난 문구를 생각해 보라. "자유롭게 하는 온전한 율법을 들여다보고 있는 자는 듣고 잊어버리는 자가 아니요 실천하는 자니 이 사람은 그 행하는 일에 복을 받으리라." 말씀을 읽으면 행하게 되고, 행함으로 복을 받는다.

야고보서 1장 21절을 살펴보자. 야고보는 "너희 영혼을 능히 구원할 바 마음에 심어진 말씀을 온유함으로 받으라"라고 말한다. 헬라어 원문으로 보면 말 그대로 '너희 삶을 구원할 수 있다'는 뜻이다. 다시 말하면 하나님의 말씀을 받들면 구원받는다는 것이다. 이는 말씀에 순종하는 자는 충만한 삶을 누릴 수 있다는 뜻인 한편, 하나님의 말씀에 복종하지 않으면 생명을 잃을 수 있다는 뜻이기도 하다.

고린도전서 11장을 보면 고린도교회의 일부 그리스도인들이 성만찬의 본질에서 벗어난 행동을 하자, 하나님이 그들을 징계하신 내용이 나온다. "그러므로 너희 중에 약한 자와 병든 자가 많고 잠자는 자도 적지 아니하니"(30절).

사도행전 5장에는 아나니아와 삽비라가 하나님을 속인 죄로 온 교회 앞에서 엎드러져 죽는 사건이 나온다(행5:1~11). 이를 두고 야고보는 심어진 말씀을 받아들여 이를 따른다면 우리는 완전하게 되고 축복을 받으며 구원을 얻을 수 있다고 말하는 것이다. 이는 하나님의 말씀이 진리이기 때문이다.

성경에는 능력이 있다

이사야 55장 11절의 말씀을 생각해 보자. "내 입에서 나가는 말도 이와 같이 헛되이 내게로 되돌아오지 아니하고 나의 기뻐하는 뜻을 이루며 내가 보낸 일에 형통함이니라." 성경의 말씀에는 능력이 있다.

만일 방문판매원이 제품에 대해 장황하게 설명한 후 실제로 시연하려다가 실패한다면 어떤 기분일까? 어느 진공청소기 판매원이 시골에 사는 한 부인의 집을 방문했다.

"지금껏 부인이 보신 것 중 가장 뛰어난 제품을 가져왔습니다. 이 진공청소기는 뭐든 빨아들인답니다. 제가 제어하지 않으면 부인의 카펫까지 빨아들일 겁니다."

그리고 부인이 채 입을 떼기도 전에 말을 이었다.

"제가 한번 보여 드리죠."

그는 즉시 벽난로에 가서 재를 한 움큼 퍼 와 카펫에 뿌리고 쓰레기통까지 쏟아붓고는 이렇게 말했다.

"이제 이 모든 먼지와 쓰레기를 빨아들이는 장면을 보여드리겠습니다."

부인은 황당한 표정으로 이 모습을 멀뚱멀뚱 지켜보기만 했다. 마지막으로 그가 덧붙여 말했다.

"만약 말끔히 빨아들이지 못한다면, 남은 건 제가 먹어 버리겠습니다."

그제야 부인은 말 한번 잘했다는 눈빛으로 그를 바라보며 말했다.

"좋아요. 그럼 지금부터 드시면 되겠네요. 우리 집에는 전기가 들어오지 않거든요."

이 진공청소기 방문판매원처럼 자신이 판매하는 제품이 제대로 작동하지 않거나 효과를 보여 주지 못하는 상황에 처하면 굉장히 난처해질 것이다. 하지만 성경의 경우에는 전혀 그럴 일이 없다. 제대로 작용하지 않는 때가 없기 때문이다. 성경 말씀을 따르면 언제나 그대로 작용한다. 이것이 바로 성경의 경이로움이다.

데살로니가전서 1장 5절의 앞부분 말씀은 성경의 능력에 대해 전하는 굉장한 구절이다. "이는 우리 복음이 너희에게 말로

만 이른 것이 아니라 또한 능력과 성령과 큰 확신으로 된 것임이라." 즉, 하나님의 말씀이 단순히 말에 머무는 것이 아니라는 뜻이다. 하나님의 말씀은 능력을 갖고, 그 능력은 성령에서 비롯된 것이기에 우리는 그 말씀대로 되리라는 확신을 갖게 된다.

지금껏 우리는 성경이 전체적으로 오류가 없고, 세부적으로도 정확하며, 우리가 보태거나 뺄 것 없이 완전하며, 우리가 복종해야 하는 절대적인 진리라는 권위가 있으며, 우리에게 필요한 모든 것을 얻기에 충분하며, 말씀대로 행하면 그대로 이루어지는 능력이 있음을 살펴보았다. 이제 마지막 특성을 보자.

성경에는 결정력이 있다

성경에는 결정력이 있다. 성경 말씀에 어떻게 반응하느냐에 따라 삶과 영생의 본질이 결정되기 때문이다.

요한복음 8장 47절에서 예수님께서는 이렇게 말씀하신다. "하나님께 속한 자는 하나님의 말씀을 듣나니 너희가 듣지 아니함은 하나님께 속하지 아니하였음이로다." 다시 말해 하나님의 말씀을 듣는지 그 여부에 따라 하나님께 속한 자와 아닌 자가 결정된다는 뜻이다.

고린도전서 2장 9절에서는 이렇게 말한다. "기록된 바 하나님이 자기를 사랑하는 자들을 위하여 예비하신 모든 것은 눈으로 보지 못하고 귀로 듣지 못하고 사람의 마음으로 생각하지도 못하였다 함과 같으니라." 인간은 절대 스스로 하나님의 나라를 상상하지 못하고, 자신이 그 안에 속하였는지도 모르며, 자신의 인간됨이나 논리의 틀로는 하나님이 우리를 위해 예비해 놓으신 것을 이해하지 못한다.

하지만 10절부터 12절에 걸쳐 이렇게 말한다. "오직 하나님이 성령으로 이것을 우리에게 보이셨으니 성령은 모든 것 곧 하나님의 깊은 것까지도 통달하시느니라 사람의 일을 사람의 속에 있는 영 외에 누가 알리요 이와 같이 하나님의 일도 하나님의 영 외에는 아무도 알지 못하느니라 우리가 세상의 영을 받지 아니하고 오직 하나님으로부터 온 영을 받았으니 이는 우리로 하여금 하나님께서 우리에게 은혜로 주신 것들을 알게 하려 하심이라." 그리고 14절에 이렇게 덧붙인다. "육에 속한 사람은 하나님의 성령의 일들을 받지 아니하나니."

세상에는 하나님의 영을 받은 자와 받지 않은 자, 이렇게 두 종류의 사람이 있다. 그리고 하나님의 영을 받지 않은 자는 받을 수 있는 자와 그렇지 못한 자로 나뉜다.

믿지 않는 이들은 성령님의 존재를 믿지 않기 때문에 성경을 받아들일 수 없다. 성경은 그리스도인 됨을 결정하는 최종 결정자다. 주님의 말씀을 이해함으로써 받아들이는 자는 곧 그들 안에 성령님이 계심을 의미한다. 이것이 그들의 그리스도인 됨을 증명하는 것이다.

도무지 성경 말씀을 이해하지 못하겠다던 한 남자와 이야기를 나눈 적이 있다. 이야기를 들어 보니 그가 성경을 이해하지 못하는 것은 당연해 보였다. 성경을 이해하는 데 필수적인 단 하나의 조건을 갖추고 있지 않았기 때문이다. 바로 성령님의 임재하심이다.

우리 안에 성령님이 거하실 때 하나님의 말씀은 오류가 없고, 정확하고, 완전하며, 권위 있고, 충분하고, 능력이 있으며, 결정력 있게 우리에게 드러난다.

이제 누군가 다가와 이렇게 말할 수도 있다. "성경이 모든 것의 해답이 되다니 정말 대단하군요. 이 주장이 진실인지 그 원리를 알아봐야겠습니다. 하지만 어떤 방법으로 이 주장이 진실인지 확신할 수 있죠?"

우리는 사람들이 권위를 제대로 따르지 않는 세상에 살고 있다. 오히려 온 세상이 권위에 저항하고 있다고 하는 편이 맞을 것이다. 사람들은 가정의 권위를 부정하려고 한다. 그리고 사회 내 남성들의 권위를 부정하려는 투쟁이 벌어지기도 한다. 여성들은 한때 자신들을 억압했던 그 권위에 맞서 싸우려 한다. 중학교, 고등학교, 대학 캠퍼스의 젊은이들은 교내 행정부처에 맞서 싸운다. 어떤 경우에는 반(反)정부 성향을 드러내기도 한다. 스스로가 자기 자신의 신이 되는 일종의 개인주의다. '내 운명의 주인이자, 내 영혼의 지도자는 바로 나 자신이다'라는 모토로 권위에 따르고 싶어 하지 않는 것이다. 그래서 누군가가 '성경은 절대적인 권위를 가진다. 완벽하고 충분하며 능력이 있다'라고 말하면 귀에 거슬려하기 마련이다.

그러면 사람들은 이렇게 대답할 것이다. "글쎄요, 내가 그걸 어떻게 믿죠? 당신이 그 방법을 알려 주지 않는다면 그 의견을 받아들이지 못하겠습니다." 그러면 성경의 말씀이 진실임을 어떻게 밝혀낼까? 물론 궁극적으로 그 말씀이 진실임을 입증할 수 없겠지만, 우리의 믿음이 온당하다는 확신을 얻을 수는 있을 것이다.

• • •

성경이 진실임을 입증하는 다섯 가지 증거

성경 말씀대로 이루어지는 경험

우리는 성경 말씀이 우리 삶 가운데 그대로 이루어지는 경험을 통해 성경이 진실임을 알 수 있다. 예를 들어 요한일서 1장 9절에서 하나님은 우리 죄를 용서하신다고 하였는데, 나는 이 말씀이 진실이라고 믿는다. 나는 주님께 용서를 받을 수 있고, 그분께서는 그렇게 하실 수 있는 분이라고 믿는다. 하지만 그 사실을 어떻게 아느냐고 반문하는 이들이 있을 수도 있다. 내가 주님께 용서받았다고 느껴지는 순간 죄책감에서 벗어나 자유함을 느끼기 때문이다. 그 순간 용서받았다고 느껴지는 것이다.

성경에서는 이렇게 말한다. "그러므로 누구든지 그리스도 안에 있으면 새로운 피조물이라 이전 것은 지나갔으니 보라 새것이 되었도다"(고후5:17).

내가 예수 그리스도께 나아간 날, 나는 이전 것이 지나고 새것이 되는 경험을 했다. 성경은 삶을 바꾼다. 성경이 현실과 유리되어 있다고 하는 이들은 대체로 믿음이 없는 이들이다. 전 세계 수백만 명의 사람들이 성경이 진실됨을 입증하는 살아 있는 증거다. 그들 모두 그 사실을 경험했다.

경험을 통한 깨달음은 굉장한 증거가 되기도 하지만 한편으로는 가장 설득력이 약한 증거이기도 하다. 모든 것을 경험에 근거를 두기 시작하면 터무니없는 경험을 했다는 사람들과 만나게 되기 때문이다. 그러므로 증거를 인간의 경험에 근거하게 되면 많은 문제에 부딪히게 된다. 따라서 경험은 증거의 일부이며 한계가 있는 증거지만, 어떤 사람들에게는 경험이 중요한 증거로 작용하기도 한다.

성경이 타당함을 증명하는 두 번째 요소는 다음과 같다.

과학 원리에 대한 정확한 설명

"성경은 과학적이지 않아. 과학적으로 오류가 많고 과학적인 언어를 사용하지도 않지. 구약성경에는 태양이 머물러 있었다는 이야기가 나오잖아? 이제 우리는 움직이던 태양이 멈추어 선 것이 아니라는 사실을 잘 알고 있는데 말이야. 하긴, 고대의 사람들은 지구가 태양의 주위를 도는 것이 아니라 반대로 태양이 지구 주위를 돈다고 생각했지. 이게 바로 성경의 전형적인 오류야"라고 말하는 이들이 있다.

하지만 실제로 일어난 일은 지구가 자전을 멈추어서 태양이 머무는 것처럼 '보였던' 것이다(수10:13). 이 말씀을 과학적으로 분석하려는 시도에서조차 사람들은 겉으로 '드러난' 현상만을 본다. 사실 우리 모두가 그렇다. 아침에 일어나 동쪽을 바라보며 "오, 세상에! 지구의 자전이 얼마나 경이로운가!"라고 말하는 이는 아무도 없지 않은가. "태양이 떠오른다"라고 말해도, 모두 당신이 하는 말의 뜻을 이해한다. 이와 마찬가지로, 서쪽을 바라보며 "지구의 자전은 정말 경이로워!"라고 하지 않고 "해가 진다"라고 표현한다.

저녁 식사 자리에서 더 먹겠냐는 질문을 받으면 당신은 "음, 충분한 섭취를 통해 뇌 시상 하부의 포만감을 느끼게 하는 부위가 자극을 받아 영양학적으로 충분한 상태에 도달했다고 알려주는군요"라고 답할 수도 있지만, "괜찮습니다. 배불리 먹었습니다"라고 말한다. 이렇듯 매사 과학적으로 답변할 필요는 없다. 때로는 단순한 의견만으로 충분하다.

성경은 인간이 관찰하는 시각으로 설명한다. 반면에 성경이 과학 원리에 대해 말할 때면 굉장히 정확하다. 그러면 성경에서 언급된 세 가지 예시를 자세히 살펴보자.

첫 번째는 비(rain)다. 이사야 55장 10절을 보자. "이는 비와 눈이 하늘로부터 내려서 그리로 되돌아가지 아니하고 땅을 적셔서 소출이 나게 하며 싹이 나게 하여 파종하는 자에게는 종자를 주며 먹는 자에게는 양식을 줌과 같이." 이사야는 물의 순환 현상이 발견되기 훨씬 이전에 이미 "비와 눈이 내리면 땅을 적실 때까지 되돌아가지 않는다"라고 말한 것이다. 물의 순환 과정이 이해된 것은 근대에 들어서였다. 비가 내려 땅을 적시고 시내로 흘러가 강을 거쳐 바다로 나아가고, 바다에서 구름으로 돌아간 뒤 다시 비가 되어 땅으로 돌아온다. 이렇게 반복되는 물의 순환 과정이 이사야 55장 10절에 언급된 것이다.

물론 소 뒷걸음치다 쥐 잡는 격으로, 이사야가 운이 좋았던 것이라고 할 수도 있다. 그럴 가능성도 없다고 할 수는 없지만, 이와 같은 정보는 성경의 여러 부분에서 제시된다. 욥기 36장 27~29절을 보자. "그가 물방울을 가늘게 하시며 빗방울이 증발하여 안개가 되게 하시도다 그것이 구름에서 내려 많은 사람에게 쏟아지느니라 겹겹이 쌓인 구름과 그의 장막의 우렛소리를 누가 능히 깨달으랴." 여기서 또다시 비에 대해 이야기하고 있다. 시편 135편 7절의 말씀과 비교해 보자. "안개를 땅 끝에서 일으키시며 비를 위하여 번개를 만드시며 바람을 그 곳간에서 내시는도다." 이는 물의 순환 과정을 멋지게 언급한 또 다른 예시다.

성경에는 천체의 정해진 궤도에 대한 과학적 관찰도 담겨 있다. 예레미야 31장 35~36절과 시편 19편에서 이를 다룬다. 당신이 성경을 파고들수록 주님 말씀이 진실됨을 보여 주는 놀라운 과학적 사실을 찾아내게 될 것이다.

따라서 성경을 부끄럽게 여겨선 안 된다. 성경의 나머지 부분을 통해 이해하거나, 지금은 이해할 수 없더라도 나중에 하나님을 뵐 때 그분께서 친히 가르쳐 주실 것이므로 성경에서 해결할 수 없는 문제란 없다. 세상에는 이해할 수 없거나 알 수 없는 일들이 존재하지만, 성경에서는 오류를 찾아내지 못할 것이다. 심지어 과학적으로도 말이다.

성경에 등장하는 세 번째 과학적 관찰은 균형에 관한 것이다. 지질학에는 지각균형설이라는 학설이 있다. 지각균형설은 지구가 우주 궤도를 돌 때 지각이 완벽한 균형 상태에 있어야 하는데, 해양 지각 위에 대륙 지각이 있어 땅의 중력은 물의 중력에 의해 균형이 유지된다는 이론이다. 하지만 과학자들의 이러한 발견은 그리 새로운 것이 못 된다.

과학자가 아닌 하나님의 예언자였을 뿐인 이사야의 말씀으로 돌아가 보면 다음과 같은 구절을 찾을 수 있다. "누가 손바닥으로 바닷물을 헤아렸으며 뼘으로 하늘을 쟀으며 땅의 티끌을 되에 담아 보았으며 접시 저울로 산들을, 막대 저울로 언덕들을 달아 보았으랴"(사40:12). 성경을 펼쳐 그 말씀을 과학적으로 살펴보면 그 정확성이 믿기지 않을 정도다.

1903년에 사망한 허버트 스펜서(Herbert Spencer)는 우주 만물을 분류할 수 있는 가장 위대한 요소를 발견했다고 주장했다. 그는 모든 것을 시간, 힘, 작용, 공간, 물질의 다섯 가지로 구분할 수 있다고 보았는데, 세상은 이 위대한 발견에 찬사를 보내며 그를 위대한 과학자라고 칭송했다. 하지만 이상의 다섯 가지 과학적 관념은 이미 성경의 첫 구절에 나와 있는 것들이다. "태초에(시간) 하나님이(힘) 하늘과(공간) 땅을(물질) 창조하시니라(작용)." 창세기 1장 1절은 성경 말씀이 얼마나 정확한지 보여 주고 있다. 그래서 과학은 성경의 권위와 타당성을 보여 주는 좋은 도구인 것이다.

예수 그리스도

경험과 과학을 비롯해, 성경 말씀이 진실임을 입증하는 가장 큰 증거는 예수 그리스도의 삶이다. 예수님 자신도 성경의 권위를 믿어 의심치 않으셨다. 마태복음 5장 18절에서 예수님은 말씀하신다. "진실로 너희에게 이르노니 천지가 없어지기 전에는 율법의 일점 일획도 결코 없어지지 아니하고 다 이루리라." 여기에 덧붙여 구약성경의 각 부분을 언급하심으로써 성경의 권위에 대한 그분의 신뢰를 보여 주신다. 예수님은 성경이 하나님의 영감으로 되었다는 절대적인 권위를 믿으셨다.

주님의 존재를 증거하는 기적

성경이 진실임을 입증하는 네 번째 증거는 기적이 행해진 기록이다. 성경에 나타난 기적은 성경이 거룩한 책이며 하나님이 그 안에 계심을 증거한다. 신비로운 현상이 기록되어 있으니 성경은 신비로운 책임에 분명하다. 그러면 이런 질문이 나올 수도 있다. "모든 기적이 진실임을 어떻게 알 수 있죠?"

성경은 기적에 대해 말하면서 이를 보충하는 정보도 제공한다. 예를 들어, 예수님께서 부활하셨을 때 500명의 사람들이 그 모습을 보았다고 언급한다. 그 정도면 어떤 판사라도 설득될 만큼 충분한 증인 아닌가. 성경에 나오는 기적은 주님의 존재에 대해 말하는 것이다.

그래서 경험, 과학, 예수님의 증언과 성경에 나오는 기적을 통해 성경이 진실임을 입증할 수 있다. 하지만 중요한 부분이 하나 더 남아 있다.

역사적으로 정확히 실현된 예언

성경을 쓰신 분이 하나님이 아니라면 역사적 사건에 대한 성경의 예언을 설명할 도리가 없다. 수학자 피터 스토너(Peter Stoner)는 자신의 저서 《*Science Speaks*》(Moody Press, 1969)에서 구약성경의 예언 중 예수님이 이루신 여덟 가지를 골라 이 예언이 모두 세부적으로 정확히 실현될 가능성을 계산해 보니 10^{17}분의 1 확률이었다. 10^{17}분의 1 확률이라면 1달러 은화를 60센티미터 높이로 텍사스 주를 채운 뒤 그중 하나에 X 표시를 해 두고는 눈을 가린 채 한 번에 그것을 찾아낸다는 뜻이다. 여덟 가지 예언이 (구체적인 내용까지 모두) 우연히 맞아 떨어질 가능성은 이 정도다. 놀랍지 않은가! 성경의 예언 말씀은 옳으며, 말 그대로 실제로 성취된 수백 개의 예언이 기록되어 있다.

그래서 우리는 경험, 과학, 예수님, 기적, 성취된 예언을 통해 성경이 진실이라고 할 수 있다. 성경은 놀라우리만치 경이로운 인류의 보물이다.

성경은 하나님의 거룩한 말씀의 보고다. 하지만 몰입해서 성경을 공부하려는 자세가 없는 그리스도인들이라면 이토록 엄청난 은총을 얻을 기회를 놓치게 될 것이다.

어느 날 성경학자 도널드 반하우스(Donald Barnhouse)가 비행기 안에서 로마서를 읽고 있었다. 그는 로마서에 대해 여러 권을 저술한 사람인 만큼 더 이상 로마서를 읽을 필요 없다고 생각할 수도 있겠지만, 어쨌거나 그는 로마서를 읽고 있었고 그의 옆자리에는 신학생이 앉아 있었다. 〈타임 Time〉지를 읽고 있던 그 학생은 그를 알아본 듯 고개를 들어 그를 빤히 쳐다보더니 마침내 직접 물었다.

"선생님, 방해해서 죄송합니다만 혹시 도널드 반하우스 박사님 아니십니까?"

반하우스 박사가 그렇다고 대답하자, 학생은 말을 이어 갔다.

"박사님은 제가 존경하는 최고의 성경학자이십니다. 저도 박사님처럼 성경에 정통하게 되었으면 좋겠습니다."

그러자 반하우스 박사는 그를 쳐다보며 말했다.

"그러면 〈타임〉지를 내려놓고 성경을 읽기 시작하게나."

직설적이라 불편하게 들릴 수도 있지만, 정곡을 찌르는 조언이다.

이 위대한 성경학자는 한 젊은이가 "선생님, 제가 선생님처럼 성경에 정통하게 된다면 어떤 일이라도 하겠습니다"라고 하자, 이렇게 말해 준 것이다. "그렇고말고. 성경에 정통하려면 그 정도의 값은 지불해야지."

성경이 소중한 선물임을 인정하자. 성경은 주님의 말씀의 보고다. 당신이 살아가는 데 필요한 가르침을 주는 책이므로 이를 멀리한다는 것은 상상조차 할 수 없다.

그렇다면 성경 공부를 하는 데 동기부여가 되는 성경 공부의 여섯 가지 유익을 알아보자. 이번 장을 마무리하며 처음 두 가지를 먼저 설명하고, 나머지 네 가지에 대한 설명은 다음 장에서 이어 가도록 하겠다.

성경 공부를 통해 얻는 첫 번째 유익:
진리와의 만남

요한복음 17장 17절에서 예수님은 아버지 하나님께 기도를 올리며 이렇게 말한다. "아버지의 말씀은 진리니이다." 위대한 말씀이다. 그런데 당신은 '진리를 안다'는 것이 무엇인지 깨달았는가? 예수 그리스도에 관한 문제로 사람들과 종종 마주할 때, 그들은 "진리가 무엇인지 모르겠습니다"라고 말하곤 한다. 심지어 빌라도조차 예수님을 보고 이렇게 말하지 않았던가. "진리가 무엇이냐"(요18:38). 많은 이들이 빌라도처럼 생각한다. 그럼에도 우리는 진리를 추구하는 세상에 살고 있다.

오늘날의 디지털 세대는 그 어떤 기관도 정확히 측정할 수 없을 정도로 많은 양의 정보를 생산해 내고 있다. 한 가지 분명한 것은 우리 사회가 여전히 진리를 추구하고 있다는 것이다.

성경에서조차 인간은 "항상 배우나 끝내 진리의 지식에 이를 수 없느니라"(딤후3:7)라고 말한다. 이 말씀의 뜻을 알겠는가?

중학생 시절, 나는 수학을 공부하면서 굉장히 고생했다. 학교를 마치고 집에 가서도 몇 시간 동안 끙끙대며 문제 풀이에 매달렸지만 답을 구하지 못한 채 다음 날 학교에 가야 했고, 이로 인해 엄청난 좌절감을 맛봤다. 하지만 이는 비단 나만의 경험은 아닐 것이다. 당신 역시 절대 풀리지 않거나 답을 찾을 수 없는 문제에 매달려 본 적이 있지 않은가. 누구나 그럴 것이다. 책을 읽고 공부하고, 사고하고 판단하며, 듣고 말하고 논의해도 진리를 찾지 못한다. 어떤 결론에도 이르지 못해 결국은 엄청난 좌절감에 압도되고 만다.

예전에 사회를 등진 어떤 남자와 이야기를 나눈 적이 있다. 그는 사회를 떠나 마약에 빠져 있었다. 그는 보스턴대학교를 졸업한 수재였지만, 숲에 작은 천막을 치고 그 안에서 지내고 있었다. 나는 그에게 물었다. "어쩌다 이렇게 되었습니까?"

그가 대답했다. "글쎄요. 오랫동안 그 답을 찾아왔어요. 그러다 결국 마약에 빠져들었죠. 이젠 의문조차 갖지 않는답니다." 이것이 바로 절대 진리를 깨닫지 못한 좌절감이다.

작가 프란츠 카프카(Frantz Kafka)는 교육에 대한 재미있는 예화를 보여 주었다. 그는 폭격으로 폐허가 된 도시를 묘사했다. 여기저기서 사람들은 피를 흘리며 죽어 가고 있었고, 자욱한 연기와 잿더미로 가득했다. 그런데 도시 중앙에는 새하얀 상아 탑 하나가 유일하게 폭격을 피한 듯 원래 모습을 유지한 채 우뚝 솟아 있었다. 그때 폐허를 헤치며 나아가는 이방인이 있었다. 그는 높이 솟은 하얀 탑에 이르자, 안으로 들어가 꼭대기까지 올라갔다. 어둠 속에 작은 불빛이 보였다. 그가 어둠을 지나 불이 빛나는 곳에 이르자 욕실이 나타났다. 그 안에는 한 남자가 욕조에 낚싯대를 드리우고 앉아 있었다.

이 고독한 이방인은 그에게 물었다. "이봐요, 지금 뭐하고 있는 겁니까?"

그가 대답했다. "낚시하고 있소."

이방인은 욕조를 들여다보고는 다시 물었다. "욕조에는 물고기도 없고 물도 없지 않습니까?"

그 남자가 대답했다. "나도 알고 있소." 그러고는 낚싯대를 거두지 않고 계속 낚시를 이어 갔다.

카프카는 이 예화를 전하며 이렇게 말했다. "이런 것을 두고 고등교육이라 한다."

인간은 진리를 잃었다. 하지만 성경을 펼치면 곧 진리를 얻을 수 있다니 얼마나 멋진가. 그런데 우리는 이런 사실을 잊곤 한다. 우리는 엄청난 유산을 갖고 있는 것이다. 하지만 그것을 당연하게 여기고 빈둥대서는 그 진리를 얻을 수 없다.

내가 주님의 말씀을 공부해야 한다고 믿는 첫 번째 이유는 그것이 진리의 원천이기 때문이다. 예수님께서는 말씀하셨다.

"너희가 내 말에 거하면 참으로 내 제자가 되고 진리를 알지니 진리가 너희를 자유롭게 하리라"(요8:31b~32).

이 말씀은 무슨 뜻인가? 수학 문제에 매달려 해답을 찾아낸 뒤 자유롭게 되는 것과 마찬가지라는 뜻이다. 과학자가 실험실에서 다양한 시약을 시험관에 부어 보며 연구하다 마침내 "유레카, 답을 찾았어!"라고 외치며 자유를 느끼듯 말이다. 인간은 진리를 찾아 탐구하고 힘겹게 애를 쓰며 더듬어 나아가고, 마침내 진리를 찾으면 비로소 자유로워진다.

성경을 공부해야 하는 이유는 바로 진리가 그 안에 있기 때문이다. 하나님에 대한 진리, 인간에 대한 진리, 삶에 대한 진리, 죽음에 대한 진리, 당신과 나에 대한 진리, 남성과 여성, 아이들, 남편과 아내, 아버지와 어머니에 대한 진리, 친구와 적에 대한

진리, 일터와 집에서 어떻게 해야 하는지에 대한 진리, 심지어 어떻게 먹고 마시며 어떻게 살아가고 생각해야 하는지에 대한 진리까지 모든 진리가 담겨 있다. 단 하나의 책에 말이다. 그러니 소중히 여겨야 하지 않겠는가.

• • •

성경 공부를 통해 얻는 두 번째 유익: 행복으로 충만한 삶

성경을 공부해야 하는 두 번째 이유는 성경은 행복의 근원이기 때문이다. 혹자는 '즐거움'이나 '축복'이라는 표현을 쓰지만, '행복'이야말로 적합한 표현이다. 성경 안에 진리가 담겨 있고 진리는 우리에게 행복을 준다. 시편 19편 8절 역시 "여호와의 교훈은 정직하여 마음을 기쁘게 하고"라고 하지 않는가. 이것이 바로 성경의 원리다.

성경 공부를 시작해서 그 안에 담긴 위대한 진리를 배우기 시작하면 짜릿한 흥분감이 들 것이다. 나는 성경 말씀을 가르치고 설교를 해야 하기 때문에 성경을 굉장히 많이 읽어야 하기도 하지만, 그것과 무관하게 스스로 찾아 읽는다. 내가 성경 읽기를 매우 좋아하기 때문이기도 하고 성경에 담긴 위대한 진리를 발견한 순간의 희열은 절대 잊히지 않기 때문이기도 하다.

지금껏 살아오며 가장 짜릿했던 전율은 성경에 담긴 경이로운 진리의 껍질을 깨뜨렸다고 느꼈을 때 찾아온 엄청난 희열이었다. 잠언 8장 34절은 "누구든지 내게 들으며 날마다 내 문 곁에서 기다리며 문설주 옆에서 기다리는 자는 복이 있나니"라고 말하고, 누가복음 11장 28절에서 예수님께서는 "하나님의 말씀을 듣고 지키는 자가 복이 있느니라"라고 하셨다. 행복한 사람이 되고 싶은가? 그러면 하나님의 말씀에 순종하라.

놀라울 정도로 많은 이들이 성경의 가르침을 알고 있다. 하지만 그들은 이에 순종하지 않는다. 그래서 행복을 박탈당하는 것이다. "글쎄요, 계시록은 이해하기 어렵습니다. 다른 부분은 공부하겠지만, 계시록은 그다지 알고 싶지 않아요"라고 하는 이들도 있다. 하지만 요한계시록 1장 3절은 이렇게 말한다. "이 예언의 말씀을 읽는 자와 듣는 자와 그 가운데에 기록한 것을 지키는 자는 복이 있나니." '복'이 곧 '행복'이다. 행복해지고 싶은가? 그러면 요한계시록을 읽으라. 행복해지기 위해서는 성경을 읽고 그 말씀을 따라야 한다. 나는 "우리가 이것을 씀은 우리의 기쁨이 충만하게 하려 함이라"라는 요한일서 1장 4절의 말씀을 좋아한다.

요한복음 15장에서는 예수님께서 자신을 포도나무에 비유하시며 위대한 가르침을 주신다. 11절에서 예수님께서는 말씀하신다. "내가 이것을 너희에게 이름은 내 기쁨이 너희 안에 있어 너희 기쁨을 충만하게 하려 함이라." 얼마나 대단한 사고인가. 이것이 바로 성경에서 얻는 기쁨이다.

누가복음 24장에서 예수님께서는 부활하신 당신을 알아보지 못한 두 제자와 함께 엠마오로 가신다(눅24:13~32). 24절에서 그들은 자신들과 함께 걸어가고 있는 분이 예수님임을 알지 못한 채 예수님께 이렇게 말한다. "또 우리와 함께한 자 중에 두어 사람이 무덤에 가 과연 여자들이 말한 바와 같음을 보았으나 예수는 보지 못하였느니라." 그러자 예수님께서는 그들에게 말씀하신다. "미련하고 선지자들이 말한 모든 것을 마음에 더디 믿는 자들이여 그리스도가 이런 고난을 받고 자기의 영광에 들어가야 할 것이 아니냐"(25~26절).

예수님께서 그들에게 말씀하셨지만, 그들은 여전히 그분이 누구인지 알아차리지 못했다. "이에 모세와 모든 선지자의 글로 시작하여 모든 성경에 쓴 바 자기에 관한 것을 자세히 설명하시니라"(27절). 예수님께서 성경을 통해 그들을 가르치시자 그들은 귀 기울여 들었다.

그러고는 식사를 할 때에야 비로소 그들의 눈앞이 환해지면서 이해가 되었다. "그들의 눈이 밝아져 그인 줄 알아 보더니 예수는 그들에게 보이지 아니하시는지라"(31절). 다음 구절은 내가 좋아하는 부분이다. "그들이 서로 말하되 길에서 우리에게 말씀하시고 우리에게 성경을 풀어 주실 때에 우리 속에서 마음이 뜨겁지 아니하더냐"(32절). 예수님께서 그들에게 성경을 풀어 주시자 그들의 마음이 뜨겁게 타올랐다는 것이다.

당신이 하나님의 말씀에 순종한다면 그 안에서 기쁨을 누릴 수 있다. 하나님의 말씀을 따르지 않는다면 기쁨을 누리지 못하는 법이다. 그러나 하나님께서는 자비로우시다. 그분께서는 우리가 모든 일에 흔들림 없이 언제나 모든 성경의 원리를 지킬 수 있다고 기대하지 않으신다. 중요한 것은 마음가짐이다. 당신이 성경 말씀을 따르는 데 전념한다면 그분께서는 당신의 삶을 기쁨으로 가득 채워 주실 것이다.

사람들은 진리를 알고 싶어 하고 행복해지기를 원한다. 특히 우리 같은 그리스도인들은 더욱 그러하다. 따라서 진리를 알지 못하고 희열과 기쁨으로 가득 찬 삶을 살지 못하고 있다면, 그 이유를 다른 데서 찾지 말라. 바로 성경에서 얻을 수 있다.

🏛 정리하기

1. 성경이 죽어 가는 이와 살아 있는 이 모두를 위한 유일한 책인 이유는 무엇인가?

2. 최초의 성경 원본에 오류가 없음을 어떻게 알 수 있을까?

3. 성경이 세부적으로도 정확함을 뜻하는 표현은 무엇인가?

4. 성경이 완전함을 증거하는 부분은 어디인가?

5. 성경의 말씀에 왜 순종해야 하는가?

6. 성경의 권위를 보여 주는 성경 구절을 찾아보라.

7. 어째서 성경으로 충분한가?

8. 성경은 어떤 점에서 유익한가? (딤후3:16)

9. 야고보서 1장 21절에 따르면, 어떤 자세로 주님의 말씀을 받아야 하는가?

10. 이사야 55장 11절은 성경에 대해 무엇이라 말하는가?

11. 성경에는 결정력이 있다고 하는 이유를 설명하라. 그리스도인들은 주님의 말씀을 어떻게 이해할 수 있을까? 그리고 믿지 않는 이들은 어째서 이해하지 못할까? (고전 2:9~14)

12. 경험을 통해 성경이 진실임을 어떻게 입증할 수 있는지 설명하라. 경험을 증거로 삼는 것의 한계는 무엇인가?

13. 성경에서 다룬 과학 원리의 세 가지 예시는 무엇인가?

14. 성경은 물의 순환에 관한 과학 원리를 어떻게 반영하고 있는가? (사55:10)

15. 지각균형설이란 무엇인가? 성경은 이 이론을 어떻게 설명하는가? (사40:12)

16. 성경의 첫 구절에서 드러나는 고전 과학의 다섯 가지 분류법은 무엇인가?

17. 예수 그리스도는 성경의 권위에 대한 자신의 믿음을 어

떻게 드러내셨는가?

18. 성경에 기록된 기적이 진실임을 어떻게 알 수 있을까?

19. 성경이 역사적 사건을 정확히 예언했음을 설명하는 유일한 방법은 무엇인가?

20. 주님의 말씀이 진리의 원천임을 보여 주는 성경 구절은 무엇인가?

21. "너희가 내 말에 거하면 참으로 내 제자가 되고 진리를 알지니 진리가 너희를 자유롭게 하리라"(요8:31b~32). 예수님의 이 말씀은 어떤 의미인가?

22. 성경에서 발견된 진리는 무엇인가?

23. 진리의 원천인 성경은 이를 믿는 이들에게 무엇을 주는가? (시19:8)

24. 우리는 어떻게 행복한 사람이 될 수 있을까?

1. 디모데후서 3장 16~17절을 읽어 보라. 성경은 교훈으로 가르치는 일에 어떻게 유익한가? 성경으로 어떻게 책망하는가? 성경으로 어떻게 의로움을 가르치는가? 다른 이들이 성경을 통해 당신에게 바른길로 나아갈 기회를 주었듯, 당신도 똑같이 다른 이의 삶에서 하나님을 받아들이게 할 기회를 찾아보라.

2. 고린도전서 2장 9~12절을 읽어 보라. 그리스도인이라면 어떻게 영적 진리를 알 수 있을까? 이번 기회에 하나님께서 당신을 구원해 주심에 감사하라. 구원받았기 때문에 영적 진리를 배울 수 있는 것이다. 말씀에 대한 더 크나큰 통찰력을 주시기를 하나님께 간구하라. 당신이 하나님으로부터 많은 것을 배우고자 하는 만큼, 그분께서는 당신이 성경 공부에 더욱 몰입하기를 원하신다. 매일 일정 시간을 확보하여 성경 공부에 전념하라.

3. 시편 19편 7~11절을 읽어 보라. 이 구절에 따르면 성경을
   통해 얻는 유익은 무엇인가? 그 유익이 당신의 삶에 어떻
   게 드러나는지 구체적으로 설명해 보라. 당신은 성경 공
   부를 얼마나 절실히 원하는가? 11절에 따르면, 주님의 말
   씀을 지킨 결과는 무엇인가? 이렇게 살펴본 결과, 성경 공
   부에 대한 당신의 태도는 어떻게 바뀌었는가? 그리고 성
   경 공부로 더 많은 것을 얻기 위해 어떻게 바뀔 것인가?

왜 우리는
성경을 공부해야
하는가?

how to stu

y the bible

CHAPTER 2

성경을 공부해야 하는 이유는 성경이 진리와 행복의 원천이기 때문이라고 밝혔다. 누가복음 11장 28절에서 예수님께서도 "오히려 하나님의 말씀을 듣고 지키는 자가 복이 있느니라"라고 하셨다. 하나님의 말씀에 순종하는 것은 율법의 순종과 은혜의 순종, 두 가지로 구분된다.

율법(legal)의 순종, 좀 더 쉽게 말해서 율법제일주의적(legalistic) 순종은 '행위의 언약', '옛 언약' 혹은 '모세의 언약'과 관계있다. 율법의 순종은 갈라디아서 3장 10절에서 말하듯 한 치의 잘못됨 없이 절대적이고 완전하게 복종한다는 뜻이다. 만일 조금이라도 잘못한다면 그것으로 끝이다. 한 번 잘못하면 다른 기회는 없는 셈이다. 이것이 '행위의 언약'이다. 하지만 하나님께서는 '은혜의 언약'을 주신다.

은혜의 순종은 하나님께서 우리에게 사랑과 은혜, 자비와 용서를 베푸시는 마음과 관계있다. 율법의 순종은 모든 율법 조항을 제대로 지켰는지 그 행위의 결과로 판단하는 반면, 은혜의 순종은 우리 마음에 은혜의 영과 신실하고 사랑하는 마음, 순종하고자 하는 겸손한 의지, 하나님의 말씀에 대한 긍정적인 반응이 있다면, 우리가 때로 율법을 지키는 데 실패하더라도 하나님은 이를 순종으로 간주해 주신다는 것이다. 우리의 은혜의 순종이 흠투성이라 할지라도, 이것이 바로 하나님이 우리에게 원하시는 태도다. 이는 매우 중요한 원칙이기에 예를 들어 설명해 보고자 한다.

내가 좋아하는 성경 구절인 요한복음 21장은 베드로에 관한 기록을 통해 몇 가지 영적 진리에 대해 생생히 보여 준다.

베드로는 예수님이 십자가에서 돌아가신 후 예전의 일상으로 돌아와 무기력하게 물고기를 잡으러 나갔다. 하지만 이것은 하지 말았어야 할 일이었다. 예수님께서 이미 그를 사역으로 부르셨는데 그는 물고기를 잡으러 감으로써 주님의 부르심을 어긴 것이다. 그와 다른 제자들은 밤새 물고기를 한 마리도 잡지 못했다.

예수님께서 바닷가에 모습을 드러내시고 그들에게 물고기를 잡았느냐고 물으셨다. 이는 그들에게 매우 중요한 교훈을 주었다. 예수님께서 그들에게 이렇게 말씀하고 계셨기 때문이다. "너희들이 다시 어부로 돌아갈 수 있다고 생각한다면 오산이다. 너희들은 사역으로 부르심을 받았기 때문에 물고기 잡는 일은 이미 끝났다. 나는 너희들이 잡으려는 물고기를 모두 다른 곳으로 몰아 버릴 수 있다."

예수님은 그들에게 와서 아침을 먹으라고 부르셨다. 그분은 이미 아침을 마련해 놓고 계셨다. 나는 그분이 태초에 만물을 지으셨듯이, "아침 식사가 있을지어다!" 하며 아침을 만드시지 않았을까 상상해 본다.

식사를 마친 뒤 예수님은 베드로에게 "요한의 아들 시몬아 네가 이 사람들보다 나를 더 사랑하느냐"라고 물으신다(15절).

이것은 매우 흥미로운 질문이다. 이 질문을 헬라어 원문으로 보면 예수님은 '사랑'을 뜻하는 가장 숭고한 단어인 '아가파오(agapaō)'를 사용하셨는데, 우리가 잘 아는 '아가페(agapē)'라는 단어가 바로 여기서 파생된 것이다. 다시 말해, 예수님은 다음과 같은 뜻으로 질문하신 것이다. "너는 나를 지극히 사랑하느냐? 너는 온 마음을 다해 나를 사랑하느냐?"

이에 베드로는 이렇게 대답한다. "주님 그러하나이다 내가 주님을 사랑하는 줄 주님께서 아시나이다"(15절). 이때 베드로는 좀 더 작은 사랑을 의미하는 '필레오(phileō)'라는 단어를 사용했다. 즉, "주님을 정말로 많이 좋아합니다"라고 답한 것이다. 그러자 주님께서 말씀하셨다. "내 어린 양을 먹이라."

예수님께서 두 번째로 물으셨다. "네가 나를 사랑하느냐." 이에 베드로가 또다시 대답한다. "주님 그러하나이다 내가 주님을 사랑하는 줄 주님께서 아시나이다." 첫 번째 대답과 같이 "네, 주님. 저는 주님을 정말로 좋아합니다"라고 답한 것이다. 그러자 예수님은 다시 말씀하신다. "내 양을 치라"(16절).

베드로가 예수님께서 사용하신 단어 '아가파오(agapaō)' 대신, 그저 '당신을 정말로 좋아합니다'라는 의미의 '필레오

(phileō)'를 사용한 이유를 알겠는가? 이유는 단순하다. 자신의 삶이 그런 단어에 전혀 부합하지 않았기 때문이다. 그는 자신이 "주님, 당신을 지극히 사랑합니다"라고 한다면, 예수님께서 다음과 같이 반문하시리라고 생각했을 것이다. "그런데도 너는 나에게 순종하지 않은 것이냐? 오래 전 내가 너에게 '너희가 나를 사랑하면 나의 계명을 지키리라' 했던 것을 잊었던 것이냐? 너는 내 말에 순종하지 않으면서 감히 어떻게 나를 지극히 사랑한다고 할 수 있느냐?"

예수님은 다시 베드로에게 물으셨다. "세 번째 이르시되 요한의 아들 시몬아 네가 나를 사랑하느냐 하시니"(17절). 예수님은 세 번째 질문에서는 베드로가 사용한 단어대로 "베드로야, 너는 나를 많이 좋아하느냐?"라고 물으셨다. 이는 베드로에게 매우 아픈 질문이었다. 베드로는 자신이 솔직하다고 생각했으며, 그렇기 때문에 주님을 지극히 사랑한다고 말하지 않으려 했던 것이다.

예수님은 그런 베드로를 잘 알고 계셨기에 다시 또 베드로에게 사랑하느냐고 물으신 것이다. 17절의 뒷부분은 이렇게 이어진다. "주께서 세 번째 네가 나를 사랑하느냐 하시므로 베드로가 근심하여 이르되 주님 모든 것을 아시오매 내가 주님을 사랑하는 줄을 주님께서 아시나이다." 베드로는 이런 뜻으로 말했던 것이다. "주님, 주님께서는 모든 것을 아시기 때문에 제가 주님을 무척 좋아한다는 것을 아실 것입니다."

그는 주님의 전지하심에 호소했다. 예수님에 대한 자신의 사랑이 삶 가운데 분명히 드러나지 않았기 때문에 그는 그저 예수님께서 자신의 진심을 읽어 주시기를 원했던 것이다.

전지하심은 위대한 사실이지만, 어릴 적 나는 이를 좋지 않게 생각했다. 하나님께서 여기저기 돌아다니시며 모든 사람을 몰래 살펴보신다고 여겼기 때문이다. 전지하신 하나님께서 내 삶에서 하나님에 대한 사랑이 분명하게 드러나지 않을 때에도 내가 그분을 사랑하는 줄 아신다는 것을 이제는 깨닫게 되었지만 말이다. 그래서 베드로는 이렇게 말한 것이다. "주님, 당신은 모든 것을 알고 계시지 않습니까. 당신은 제가 당신을 사랑하는 것도 알고 계십니다."

그러자 예수님께서 베드로에게 뭐라고 말씀하셨을까? 베드로는 예수님을 지극히 사랑한다고 말할 수 없었고, 예수님께 순종하지도 못했다. 기도 시간에 깨어 있지도 못했고 말실수도 자주 했으며, 물 위를 걸어갈 수 있었음에도 믿음이 없어 하마터면 빠져 죽을 뻔했다. 예수님의 십자가 사역을 막으려 했고, 검을 들어 로마 군병을 베어 버리려 했다. 예수님은 그 많은 기회를 망쳐 버린 제자를 바라보며 세 번 말씀하셨다. "내 어린 양을 먹이라 … 내 양을 치라 … 내 양을 먹이라"(15~17절).

예수님께서는 베드로가 어리석은 실수를 저질렀음에도 그의 순종하려는 마음을 보시고 그를 받아들이신 것이다.

하나님은 율법의 순종이 아닌 은혜의 순종을 전제로 우리와 함께하신다. 베드로는 실패를 거듭하는 사람이었지만 마음속으로는 예수님께 순종하기를 원하는 사람이었다. 마음은 그렇게 원했지만 육신이 연약했던 것이다. 예수님은 베드로의 이런 마음을 알아봐 주셨다. 하나님도 우리를 이런 마음으로 바라보신다.

그분은 이렇게 말씀하신다. "너희가 순종하기만 하면 내 말은 기쁨의 원천이 될 것이다. 너희가 내 말에 순종한다면 내가 너희의 삶을 기쁨으로 가득 채워 줄 것이다." 하지만 이는 주님의 율법을 조금이라도 어기면 기쁨이 끝나고 재앙이 시작될 것이라는 의미는 아니다. 오히려 이런 의미다. "네 삶의 태도를 통해 오직 순종하고 헌신하고자 하는 마음을 발견하면 나는 너의 지난 모든 실패를 간과할 것이다." 이것이 주님께서 원하시는 크나큰 헌신이며, 바로 기쁨의 원천이다.

당신은 성경을 공부하고 말씀을 읽으면서 말씀대로 순종하며 살고자 할 것이다. 하나님께서는 그런 당신을 축복하시고 마음 가운데 기쁨이 가득하게 하실 것이다. 그러나 행위로는 율법을 따라 순종하지만 마음으로는 순종하지 않는다면, 하나님은 당신의 마음 가운데 기쁨을 주시지 않는다. 마음이 따르지 않는 순종은 진짜가 아니기 때문이다.

다른 예를 들어서 설명해 보겠다. 성경에서는 성도들에게 열매 맺을 것을 당부하는데, 이는 곧 성령의 열매를 뜻한다. 믿지 않는 사람을 예수님께로 전도하는 열매를 맺는 것도 중요하지만, 그에 앞서 당신의 내면에서부터 성령의 열매를 맺어야 한다. 올바른 마음가짐 없는 행위로는 열매를 맺는다 해도 기쁨을 누릴 수 없으며, 바리새인들처럼 형식에 그칠 뿐이다.

반면에 순종하려는 올바른 마음가짐이 있다면, 겉으로는 열매 맺기에 실패한 것처럼 보여도 하나님께서는 당신에게 기쁨을 주실 것이다. 당신의 중심에서 감사하고 순종하는 영을 보셨기 때문이다. 이것이 바로 주님께서 원하시는 것이다.

다만 하나님께서는 우리가 그 기쁨을 언제 누리게 되는지에 대해서는 정확히 말씀하지 않으셨으므로 다소 기다려야 할 수도 있다. 요한복음 16장에서 예수님은 제자들에게 이렇게 말씀하셨다. "너희가 나를 보지 못하겠고"(16절). 생업을 그만두고 3년 동안 예수님을 따랐던 제자들은 맥이 빠져 털썩 주저앉았을 것이다. 그러자 예수님께서 말씀하셨다. "또 조금 있으면 나를 보리라"(16절). 주님의 나라가 곧 올 것이고, 그러면 이 수고의 기쁨을 누릴 수 있을 것이라 기대했던 제자들은 이런 예수님의 말씀을 이해할 수 없었다.

슬퍼하는 제자들에게 예수님은 말씀하셨다. "내가 진실로 진실로 너희에게 이르노니 너희는 곡하고 애통하겠으나 세상은 기뻐하리라 너희는 근심하겠으나 너희 근심이 도리어 기쁨이 되리라"(20절). 슬픔이 있겠지만 뒤이어 기쁨이 찾아올 것임을 깨달으라는 말씀이다. 슬픔을 모른다면 기쁨이 찾아왔을 때 그 감정을 이해하지 못할 것이다. 고통을 모르는데 즐거움을 어찌 알겠는가.

한 흥미로운 기사를 읽은 적이 있다. 의학적으로 가려움과 간지러움의 차이점을 정의하기 어렵다는 내용이었다. 간지러움은 기분을 좋게 하는 느낌이지만, 가려움은 짜증나는 느낌이다. 즐거움과 고통의 차이는 이렇게 미묘하다. 예를 들어 보자. 뜨거운 물로 목욕하는 것은 무엇보다 기분 좋은 일이지만, 서서히 뜨거운 온도에 익숙해져야 한다. 갑자기 뜨거운 물에 들어갔다가는 "앗, 뜨거워!"라고 외치며 고통을 느낄 뿐이다. 이것이 바로 고통과 즐거움의 애매한 경계다. 고통을 모르면 즐거움도 알 수 없다.

나는 대학 시절 미식축구를 하면서 고통과 즐거움의 미묘한 경계를 경험했다. 고된 훈련은 나를 몹시 괴롭게 했지만, 훈련 이후에 얻게 되는 기쁨을 맛보면서 훈련이 주는 고통을 즐기게 되기도 했다.

본론으로 돌아가서, 하나님이 우리의 삶 가운데 슬픔을 주시는 이유는 기쁨의 순간이 왔을 때 기쁨을 더 크게 누리게 하려 하심이다. 슬픔을 모르면 이후에 기쁨이 왔을 때 그것이 얼마나 감사한지 모른다.

우리가 하나님의 말씀에 순종하면, 주님은 우리에게 기쁨을 주신다. 그러나 우리가 바라는 대로 그 기쁨을 즉시 주시지 않을 수 있다. 나에게 가장 좋은 때, 가장 필요로 하는 때에 주신다. 이처럼 성경을 공부하면, 외부의 자극이나 상황으로 인해 삶에 어려움이 닥쳐도 상황에 매이기보다 주님께서 주실 기쁨을 기대하며 이길 수 있게 된다.

우리는 왜 성경을 공부해야 하는가? 앞 장에서 살펴본 것처럼, 첫 번째로는 진리의 원천이며, 두 번째로는 기쁨의 원천이기 때문이다. 하지만 성경 공부로 얻는 유익함은 비단 이것뿐이 아니다.

• • •

성경 공부를 통해 얻는 세 번째 유익: 승리하게 한다

성경을 공부해야 하는 세 번째 이유이자 동력은 성경 말씀이 승리의 원천이기 때문이다. 나는 여러 번 패배를 경험했음에도, 여전히 패배감에 익숙하지 않다. 당신도 뭔가 하려 할 때 승리를 목표로 모든 방법을 동원할 것이다.

나의 아버지는 내가 어릴 적부터 이런 말씀을 들려주셨다. "얘야, 네가 뭔가 하려고 할 때는 있는 힘껏 최선을 다해야지, 그렇지 않으면 별 의미가 없단다. 하나마나인 게지." 나는 아버지의 가르침대로 최선을 지향하며 자랐다.

나는 신앙생활 역시 마찬가지라고 생각한다. 상대에게 기회를 주고 싶지 않고, 상대를 유리하게 하고 싶지도 않다. "이는 우리로 사탄에게 속지 않게 하려 함이라 우리는 그 계책을 알지 못하는 바가 아니로라"라는 고린도후서 2장 11절의 말씀처럼 사탄이 승리하는 꼴을 보고 싶지 않다. 세상에 통제되고 싶지 않고, 육체가 내 영보다 우위에 서게 하고 싶지도 않다. 나는 승리하고 싶다.

나의 대학 시절 미식축구팀 감독은 우리에게 크누트 로크니(Knute Rockne, 전설적인 대학 미식축구팀 감독)의 명언을 끊임없이 반복해 말했다. "패배하지 않으려 하면 패배하지 않는다." 그리스도인들 역시 이런 생각을 품어야 한다. 우리는 적에게 무릎을 꿇을 이유가 없다. 성경을 공부함으로써 주님의 말씀이 승리의 원천임을 깨달았기 때문이다.

시편 119편 11절에서 다윗이 한 말을 명심해야 한다. "내가 주께 범죄하지 아니하려 하여 주의 말씀을 내 마음에 두었나이다." 하나님의 말씀은 죄에 맞서 승리를 거두게 하는 원천이다. 하나님의 말씀을 받아들인다는 것은 성령님이 우리를 이끄실 토대를 마련한다는 뜻이다.

하나님의 말씀을 우리의 의식에 새기지 않으면 스스로는 죄 짓는 행위를 멈추기 어렵다. 인간은 자신이 제대로 이해하지 못한 것을 행동으로 옮기지 않는다. 따라서 성경 말씀의 진리나 원리를 제대로 알고 이해하지 못하면 절대 말씀대로 살지 못한다. 성경 말씀을 마음의 양식으로 삼아야 우리가 말씀을 따라 살도록 성령님께서 우리를 안내하실 수 있는 것이다.

이제 주님의 말씀을 준행했을 때의 효과를 보여 주는 구체적인 예시를 살펴보자.

사탄에 맞서 승리를 거둔다(마4:1~11)

마태복음 4장에는 예수님께서 말씀으로 사탄에 맞서는 장면이 나온다. "그때에 예수께서 성령에게 이끌리어 마귀에게 시험을 받으러 광야로 가사"(1절). 여기서 '시험'이라는 단어를 원어인 헬라어로 찾아보면 '페이라스모스(peirasmos)'로, '유혹'이나 '시험'이라는 부정적인 의미와 긍정적인 의미를 모두 가지고 있다. 사탄은 이를 부정적인 뜻으로 사용하려 했겠지만, 하나님의 관점에서는 긍정적이었다. 그래서 성령님은 예수님이 시험을 통과하실 것을 알고 광야로 인도하셨고, 사탄은 예수님께서 유혹에 넘어지길 고대하며 광야에서 예수님을 기다렸다.

"사십 일을 밤낮으로 금식하신 후에 주리신지라"(2절). 예수님은 죄는 없으셨지만 완전한 인간의 몸으로 우리 가운데 오셨다. 그런데 놀랍게도 예수님은 육신의 연약함을 뛰어넘는 강력한 힘을 보이셨다. 그는 40일 동안 굶주리셨음에도 육신이 무너질 만큼의 고통을 느끼지 않으셨던 것이다.

"시험하는 자가 예수께 나아와서 이르되 네가 만일 하나님의 아들이어든 명하여 이 돌들로 떡덩이가 되게 하라"(3절). 사탄은 예수님께 '이봐, 넌 하나님의 아들이잖아. 그러면 이보다 더 대접받고 살아야지. 그런데 지금 황량한 광야에서 왜 이러고 있어? 굶주려 죽어 가고 있잖아?'라고 비아냥거린 것이다. 사탄은 예수님이 하나님의 계획을 거스르고 주린 배를 채우도록 이렇게 유혹한 것과 같다. "하나님에게 기대지 말고 네 마음대로 해. 하나님은 지금 너의 필요도 채워 주지 않잖아!"

사탄은 예수님에게 하나님이 우리를 돌보고 계심을 부인하도록 유혹한다. 이에 예수님은 신명기 8장 3절 말씀으로 대응하셨다. "기록되었으되 사람이 떡으로만 살 것이 아니요 하나님의 입으로부터 나오는 모든 말씀으로 살 것이라 하였느니라"(4절). 즉, 예수님께서는 "하나님께서 나를 살피신다 약속하셨으니 나는 그 약속을 믿고 따를 것이다. 나는 내 능력을 하나님과의 약속을 저버리는 데 쓰지 않겠다"라고 말씀하신 것이다. 예수님은 성경 말씀으로 사탄의 유혹을 물리치셨다.

이어서 5절 말씀을 보자. "이에 마귀가 예수를 거룩한 성으로 데려다가 성전 꼭대기에 세우고." 여기서 성전 꼭대기는 아마도 힌놈의 골짜기(렘7:31~32 참고—옮긴이)에 세워진 90미터 높이의 기둥을 뜻하는 듯하다. 여기서 사탄은 예수님께 "네가 만일 하나님의 아들이어든 뛰어내리라"(6절)라고 말한다. 그러면서 사탄이 성경을 인용한다. "기록되었으되 그가 너를 위하여 그의 사자들을 명하시리니 그들이 손으로 너를 받들어 발이 돌에 부딪치지 않게 하리로다 하였느니라"(6절). 즉, 사탄은 예수님께

"네가 하나님을 믿고 따르겠다 했으니 그럼 진짜로 여기서 뛰어내려 봐. 하나님이 약속을 지키는지 확인할 수 있도록 말이야"라고 하는 것이다.

하지만 예수님은 이에 답하셨다. "기록되었으되 주 너의 하나님을 시험하지 말라 하였느니라"(7절). 즉, '감히 하나님을 이용하지 말라'라는 뜻이다. 당신이 하나님께서 당신을 보호하실 것이라 진정으로 믿는다면, 여행 중에 고속도로 한복판에 드러누워 하나님이 당신을 구해 주시는지 시험하지는 않을 것이다. 하나님을 신뢰하는 것과 그것을 이용하는 것은 매우 다른 문제다.

그러자 사탄은 예수님을 데리고 "지극히 높은 산으로 가서 천하 만국과 그 영광을"(8절) 보여 주며 말했다. "만일 내게 엎드려 경배하면 이 모든 것을 네게 주리라"(9절). 그러자 예수님이 대답하신다. "사탄아 물러가라 기록되었으되 주 너의 하나님께 경배하고 다만 그를 섬기라 하였느니라"(10절). 그러자 "마귀는 예수를 떠나고 천사들이 나아와서 수종"(11절)을 들었다. 하나님은 약속을 지키신 것이다.

이 장면의 핵심은 다음과 같다. 예수님은 세 번에 걸쳐 사탄의 유혹을 받으셨지만, 매번 구약성경을 인용해 반박하셨다. 그리스도인으로서 사탄을 물리칠 수 있는 방법은 머릿속에 있는 성경의 진리를 끄집어내는 것이다. 혼자서는 해낼 수 없다. 예수님은 하나님의 말씀으로 사탄에게 승리를 거두셨다. 이것이 승리의 원천이다. 하지만 여전히 자신만의 논리로 사탄의 유혹에 맞설 수 있다고 생각하는 사람들이 있다는 사실은 참으로 놀랍기 그지없다. 이는 불가능하다. 오직 하나님의 말씀만이 우리에게 승리를 가져다준다.

귀신을 쫓아 승리를 거둔다(눅4:33~36)

누가복음 4장도 33절부터 시작해서 흥미로운 사례를 보여준다. "회당에 더러운 귀신 들린 사람이 있어 크게 소리 질러 이르되 아 나사렛 예수여 우리가 당신과 무슨 상관이 있나이까 우리를 멸하러 왔나이까 나는 당신이 누구인 줄 아노니 하나님의 거룩한 자니이다"(33~34절). 하지만 예수님은 귀신을 꾸짖으며 말씀하신다. "잠잠하고 그에게서 나오라"(35절). 그러자 귀신이 무리 중에서 그를 넘어뜨리고 나왔지만 그는 상처입지 않았다. 그러자 모인 사람들은 모두 놀라 서로 말하였다. "이 어떠한 말씀인고 권위와 능력으로 더러운 귀신을 명하매 나가는도다"(36절).

예수님은 이후에도 하나님의 말씀으로 사탄을 물리치며 당신의 권위와 힘을 세우셨다. 단 한마디 말씀으로 귀신의 무리를 물리치신 것이다. 사람들은 예수님이 서기관과 바리새인들과는 차원이 다른 권위를 가진 분으로서 말씀하셨음을 알아챘다. 예수님의 말씀은 이처럼 절대적인 권위가 있다. 따라서 성경을 알면 승리를 얻게 된다.

유혹에 맞서 승리를 거둔다(엡6:17)

에베소서 6장에서 바울은 그리스도인의 무기에 대해 이야기하며, "구원의 투구와 성령의 검 곧 하나님의 말씀을 가지라"(17절)라는 명언으로 마무리한다. 그는 최종병기는 "성령의 검 곧 하나님의 말씀"이라고 말한다. 검이라고 하면 날이 긴 칼날을 휘두르는 모습이 떠오른다. 이런 검을 뜻하는 헬라어는 '롬파이아(rhomphaia)'이지만, 사실 원문에서는 작고 짧은 단검을 뜻하는 '마카이라(machaira)'가 사용되었다. 따라서 성령의 검이란 사탄의 목을 베어 버리겠다며 휘두르는 장검이 아닌 셈이다.

성령의 검은 무분별하게 마구잡이로 사용하는 것이 아니다. 성령의 검은 마카이라, 즉 단검이다. 예리하지만 취약한 곳을 공격하지 못하면 상대에게 어떤 위해도 가하지 못한다. 성령의 검은 일반적인 검이 아닌, 굉장히 특별한 영적 무기다.

게다가 이 구절의 원문을 보면 '말씀'을 뜻하는 헬라어 '로고스(logos)'가 아닌 '레마(rhema)'가 쓰였다는 사실을 알 수 있다. 로고스는 일반적인 하나님의 말씀을 뜻한다. 신약에서 좀 더 구체적인 의미의 말씀을 뜻하고자 할 때 레마(rhema)라는 단어가 쓰인다. 레마는 성령님께서 우리의 심령에 비추어 주신 특정하고 구체적인 말씀을 의미한다. 따라서 '성령의 검'이라고 하면, 구체적인 유혹의 상황에 맞설 수 있는 구체적인 말씀을 의미한다.

몇몇 사람들은 "저도 성령의 검을 가지고 있습니다. 저는 성경을 가지고 있으니까요"라고 말할지도 모른다. 하지만 성경을 가지고 있다고 해서 성령의 검을 가졌다고 할 수는 없다. 성령의 검은 단지 성경을 가지고 있을 때가 아닌, 유혹 하나하나에 맞설 수 있도록 성경의 원리를 구체적으로 이해할 때 소유할 수 있다.

그리스도인의 삶에서 승리를 거두는 유일한 방법은 성경의 원리를 이해하여 사탄과 세상, 육신의 정욕의 공격에 조목조목 반박하는 것이다. 그리스도인으로서 내면에 가득 찬 주님의 말씀은 곧 승리의 원천이 된다. 따라서 성경을 공부하지 않고서는 그리스도인의 삶을 살아갈 수 없다. 이는 진리의 원천이요, 기쁨의 원천이요, 승리의 원천이기 때문이다.

● ● ●

성경 공부를 통해 얻는 네 번째 유익: 성장하게 한다

성경은 성장의 원천이라는 점에서도 유익하다. 영적으로 성장하지 못한 그리스도인을 보고 있노라면 참으로 안타까운 마음이 든다. 그들이 성장하지 못한 이유는 실제로 성경을 공부하지 않아서다. 그들은 교회에는 가지만 큰 주머니 대신 작은 골무만 들고 가 말씀을 채우고는 그마저도 교회를 나오면서 쏟아 버린다. 그러니 아무것도 남는 것이 없는 것이다. 정말 안타깝기 짝이 없다.

베드로는 베드로전서 2장 2절에서 이렇게 말한다. "갓난 아기들 같이 순전하고 신령한 젖을 사모하라 이는 그로 말미암아 너희로 구원에 이르도록 자라게 하려 함이라." 즉, 성경이 성장의 원천이라는 뜻이다.

나는 어린 시절부터 대학 때까지 여러 활동을 해 봤지만 그리 많이 성장하진 못했다. 하지만 신학교에 들어가 성경에 흥미를 갖게 되자 성경 말씀에 대한 갈망이 생겨났다. 이러한 갈망이 점점 커지면서 이를 충족하기 위한 유일한 방법은 성경을 공부하는 것뿐임을 깨닫게 되었고, 성경 공부에 투자한 시간과 노력의 양에 정확히 비례해 성장이 이루어졌다.

성장에 대해 구체적으로 살펴보자.

성장의 전제조건

성장의 첫 번째 전제조건은 성화(聖化)다. 베드로전서 2장 1절은 우리가 기초 작업을 어떻게 해야 하는지 보여 준다. "그러므로 모든 악독과 모든 기만과 외식과 시기와 모든 비방하는 말을 버리고." 즉, 모든 죄악을 버리고 우리의 죄를 고백한 뒤 우리의 삶을 바로잡고 굉장한 열정으로 성경에 집중하면 성장하기 시작한다는 뜻이다. 그리고 성장하면 할수록 점점 신나는 기분을 느끼게 된다.

성경은 우리가 성숙해지고 강해지도록 돕는 생명의 원천이다. 그러면 사탄을 물리칠 수도 있고, 하나님과 그분의 인격을 더 잘 알게 된다. 그리하여 우리는 가능한 모든 방면에서 풍요로워지는 것이다.

그렇게 되기 위해서는 공부해야 한다. 요한복음 6장 63절에서 예수님은 말씀하신다. "내가 너희에게 이른 말은 영이요 생명이라." 예레미야 15장 16절에서 예레미야는 이렇게 말한다. "내가 주의 말씀을 얻어 먹었사오니." 주님의 말씀을 먹고산다는 것이다!

야고보서 1장 18절은 이렇게 말한다. "그가 그 피조물 중에 우리로 한 첫 열매가 되게 하시려고 자기의 뜻을 따라 진리의 말씀으로 우리를 낳으셨느니라." 주님의 말씀은 생명을 주고, 유지하고, 힘을 얻게 한다. 그 영양분이 놀라울 정도다.

디모데전서 4장 6절은 말한다. "네가 이것으로 형제를 깨우치면 그리스도 예수의 좋은 일꾼이 되어 믿음의 말씀과 네가 따르는 좋은 교훈으로 양육을 받으리라." 그래서 성경은 우리에게 자양분이 되고 우리를 기르고 튼튼하게 하여 성장하게 한다.

성장의 단계 (요일2:13~14)

하나님은 우리가 성장하기를 바라신다. 그분은 우리가 단련되고, 강해지기를 바라신다. 요한일서 2장 13~14절을 통해 성장 과정을 알아보자. "아비들아 내가 너희에게 쓰는 것은 너희가 태초부터 계신 이를 알았음이요 청년들아 내가 너희에게 쓰는 것은 너희가 악한 자를 이기었음이라 아이들아 내가 너희에게 쓴 것은 너희가 아버지를 알았음이요." 여기서 영적인 성장을 세 가지로 분류하는데, 문자 그대로 아이, 청년, 아버지를 의미하는 것은 아니다. 이는 영적 성장의 세 단계를 뜻한다.

우리 모두 아버지를 알고 있는 어린아이 단계에서 시작한다. '아빠'를 부르는 영적인 옹알이 단계다. 기독교에 입문한 지 얼마 되지 않았더라도 '예수님이 나를 사랑하심을 나는 성경을 통해 잘 알고 있다'라는 사실 정도는 인지하고 있다. 하나님이 우리의 위대하신 아버지라는 사실을 깨닫지만, 영적으로는 그리

성숙하지 못한 상태다. 그래서 이 단계에 머무는 데 만족한다면, 아쉬움이 클 것이다. 따라서 두 번째 단계로 올라가야 한다.

청년은 누구인가? 악한 자를 이긴(과거 시제임을 유의하라) 사람이다. 악한 자는 누구인가? 사탄이다. '내가 실제로 사탄을 물리치는 단계에 이를 수 있다는 말인가?' 맞다.

그렇다면 어떻게 그럴 수 있는가? 14절을 보자. "아비들아 내가 너희에게 쓴 것은 너희가 태초부터 계신 이를 알았음이요 청년들아 내가 너희에게 쓴 것은 너희가 강하고 하나님의 말씀이 너희 안에 거하시며 너희가 흉악한 자를 이기었음이라."

사탄을 물리치기 위해서는 강해져야 하는데, 그렇게 되기 위한 유일한 방법은 하나님의 말씀이 우리 안에 거하게 하는 것이다. 영적으로 청년 단계가 무엇인지 알겠는가? 실제로 하나님의 말씀을 아는 단계다.

내가 이렇게 말하는 이유는 다음과 같다. 고린도후서 11장 14절에 따르면 "사탄도 광명의 천사로 가장"한다고 한다. 나는 사탄이 거짓 종교에서 자기 시간의 99퍼센트를 보낸다고 생각한다. 나는 술 취함과 음행, 범죄, 세상의 정욕 등 우리가 가진 악의 문제들은 육체의 문제라고 믿는다. 갈라디아서 5장 19~21

절은 이런 '육체의 일'들을 나열하고 있다. 온 세상을 악으로 물들이려는 사탄은 사소한 죄 하나하나로 사사건건 우리를 괴롭히지는 않는다. 사탄은 광명의 천사의 모습을 하고 있는데, 거짓 종교에서는 사탄의 사역자들이 이런 광명의 천사 노릇을 한다.

영적 청년은 하나님의 말씀을 잘 알고 있기 때문에 사탄을 물리치고 거짓 종교의 유혹에 넘어가지 않는다. 아니, 오히려 거짓 종교에 분노하는 사람이라고 해야겠다. 예를 들어, 에베소서 4장 14절에서 말하듯 영적 아이는 "사람의 속임수와 간사한 유혹에 빠져 온갖 교훈의 풍조에 빠져 요동"한다. 영적 아이는 거짓 종교에 흔들리기도 한다. 하지만 영적 청년은 성경 말씀을 잘 알고 있기 때문에, 악마가 만들어 낸 거짓 교리 따위에 흔들리지 않는다.

마지막으로 영적 아비는 누구인가? 요한일서 2장 13절에서 요한은 이렇게 말한다. "아비들아 내가 너희에게 쓰는 것은 너희가 태초부터 계신 이를 알았음이요." 여기서 '아비들'이 누구를 가리키는지 알겠는가? 성경의 가르침 이면에 숨은 의미까지 아는 이들이다. 성경의 가르침을 잘 아는 데 그치지 않고, 가르침 이면에 있는 하나님을 아는 깊은 지식이 있는 사람이다.

우리는 이상의 세 단계로 영적 성장을 이룬다. 아이에서 시작해, 성경 말씀을 영양분으로 삼아 튼튼해진다. 육체의 유혹을 완전히 극복하진 못하겠지만, 믿음으로 세상을 이길 수 있다(요일5:4). 육체는 언제나 문제가 되지만, 사탄의 거짓 종교를 극복하는 기쁨을 얻을 수 있다. 영적 청년 단계에 이르면 나타나는 현상이 있다. 거짓 종교의 교리에 분노하게 되며, 거짓 종교의 가르침을 거리낌 없이 비판한다. 하지만 점점 더 성숙해지면 거짓 종교와 맞서는 데 관심을 쏟는 대신 하나님이 누구신지 탐구하기 시작한다. 하나님의 나라를 향해 영원하신 하나님의 마음을 헤아리는 영적 아버지의 단계로 나아가기 시작하는 것이다.

만일 당신이 영적 아이의 단계에 머무르고 있으면서 성장하기 위해 더 노력하지 않는다면 그것은 자신을 속이는 것이다. 당신이 영적 청년 단계에 머무르며 그저 말씀을 아는 것에 그친다면 그것은 자신을 속이는 것이다. 온 우주 만물의 주인이신 하나님의 임재 속으로 들어가도록 노력해야 한다. 그러면 그곳에서 주님이 느껴지기 시작할 것이다. 이것이 바로 성장의 궁극적인 목적이다.

성경 공부를 통해 얻는 다섯 번째 유익: 힘을 공급받는다

우리가 성경을 공부해야 하는 이유는 성경은 힘의 원천이기 때문이다. 성경은 우리에게 영적인 힘을 불어넣어 준다. 그러니 힘없는 그리스도인이라고 느껴지는 것만큼 기분 나쁜 일은 없다.

사도행전 1장 8절에 "너희가 권능을 받고"라는 표현이 있다. 여기서 '권능'의 뜻으로 사용된 헬라어는 '기적적인 힘'이라는 의미의 '두나미스(dunamis)'다(여기서 '다이너마이트 dynamite'가 유래했다). 그래서 우리에게 이렇게 엄청난 힘으로 온 세상을 폭파해야 한다고 하는 이들도 있는 것이다. 하지만 그럴 때면 당신은 이렇게 생각할 것이다. "폭파라고!? 쉬익쉬익 소리도 나지 않는 걸! 불발탄도 되지 못한다고." 또한 밖으로 나가 사람들을 예수님께 인도해야 한다고 하는 이에게도 당신은 이렇게 말할 것이다. "농담하는 거죠? 난 아닙니다. 나는 모세처럼 말도 잘하지 못해요"(출애굽기 3장 10절을 보라).

때로 우리는 우리 자신의 무능력함에 전전긍긍한다. 실제로 자신에게 어느 정도의 힘이 있는지 모르기 때문이다. 성경이 우리에게 힘을 불어넣어 줄 것이다. 하나님의 말씀을 더욱 잘 이해하게 되면 삶 속에서 어떤 상황을 만나도 두려워하지 않게 된다는 사실을 깨닫게 될 것이다. 하나님의 말씀이 나의 원천이기 때문이다. 그러면 성경이 힘의 원천임을 보여 주는 성경 구절을 더 살펴보자.

히브리서 4장 12절: "하나님의 말씀은 살아 있고 활력이 있어 좌우에 날선 어떤 검보다도 예리하여 혼과 영과 및 관절과 골수를 찔러 쪼개기까지 하며 또 마음의 생각과 뜻을 판단하나니."

당신이 성경을 펴고 이 부분을 읽으면, 마음 깊이 찔리는 기분이 들 것이다. 성경은 이토록 권능이 가득한 책이다.

로마서 1장 16절: 사도 바울이 말한다. "내가 복음을 부끄러워하지 아니하노니 이 복음은 모든 믿는 자에게 구원을 주시는 하나님의 능력이 됨이라."

다른 사람과 복음을 나누면 우리 각자가 오랜 시간 동안 쌓아 온 잘못된 철학과 가치관을 무너뜨리는 복음의 힘을 느낄 수 있다.

에베소서 4장 23절: "오직 너희의 심령이 새롭게 되어."

우리의 생각이 바뀔 것이다.

로마서 12장 2절: "오직 마음을 새롭게 함으로 변화를 받아."

즉, 삶이 바뀌는 변화를 맞이하게 될 것이다.

고린도후서 3장 18절: "우리가 다 수건을 벗은 얼굴로 거울을 보는 것 같이 주의 영광을 보매 그와 같은 형상으로 변화하여 영광에서 영광에 이르니 곧 주의 영으로 말미암음이니라."

우리가 하나님의 말씀에 집중하면, 권능이 우리 안에 자리한다. 그리고 이에 대해 묵상하면 우리에게 권능이 부여된다. 마치 옛날 컴퓨터 용어 'G.I.G.O.(Garbage In, Garbage Out)'와 같이 입력 데이터가 좋지 않으면 출력 데이터도 좋지 않다. 우리 내부의 컴퓨터에 입력하는 대로 우리의 삶에 반영된다. 따라서 주님의 말씀을 먹고 살면 우리의 삶에 고스란히 돌아오고, 이것이 활력의 원천이 된다.

에베소서 1장 3절~3장 20절: 에베소서 첫 세 개의 장에서 사도 바울은 우리가 알아야 할 몇 가지 사항을 열거한다. 모두 신학적으로 위대한 진리를 담고 있다.

"그리스도 안에서 하늘에 속한 모든 신령한 복을 우리에게 주시되"(1:3)

"이는 그가 사랑하시는 자 안에서 우리에게 거저 주시는 바"(1:6)

"우리는 그리스도 안에서 그의 은혜의 풍성함을 따라 그의 피로 말미암아 속량 곧 죄 사함을 받았느니라"(1:7)

"이는 그가 모든 지혜와 총명을 우리에게 넘치게 하사"(1:8)

"그 뜻의 비밀을 알리신 것이요"(1:9)

우리는 "약속의 성령으로 인치심을 받았으니"(1:13)

성령께서 "우리 기업의 보증이 되사"(1:14)

그리스도는 "중간에 막힌 담을 자기 육체로 허시고"(2:14)

"십자가로 이 둘을 한 몸으로 하나님과 화목하게 하려 하심이라"(2:16)

우리는 "성도들과 동일한 시민이요 하나님의 권속이라"(2:19)

우리는 "성령 안에서 하나님이 거하실 처소가 되기 위하여 그리스도 예수 안에서 함께 지어져 가느니라"(2:22)

우리는 "측량할 수 없는 그리스도의 풍성함"을 받았다(3:8)

"영원부터 만물을 창조하신 하나님 속에 감추어졌던 비밀의 경륜이 어떠한 것을 드러내게 하려 하심이라"(3:9)

우리는 이처럼 놀랍도록 많은 것을 받았으며, 바울은 우리가 이 사실을 알기를 바랐다. 그는 1장 17절에서 18절에 걸쳐 하나님께 기도한다. "우리 주 예수 그리스도의 하나님, 영광의 아버지께서 지혜와 계시의 영을 너희에게 주사 하나님을 알게 하시고 너희 마음의 눈을 밝히사 그의 부르심의 소망이 무엇이며 성도 안에서 그 기업의 영광의 풍성함이 무엇"인지 알게 하기를 구한다.

그래서 당신이 이러한 진리를 배운다면 바울이 3장 20절에서 "우리 가운데서 역사하시는 능력대로 우리가 구하거나 생각하는 모든 것에 더 넘치도록 능히 하실 이에게"라고 말한 진리를 깨달을 것이다. 그 힘이 느껴지는가? 자신이 생각하는 대로 행할 수 있다는 사실에 대해 생각해 본 적 있는가? 무엇보다도 충분히 묻고 생각할 수 있고, 대단한 일을 할 수 있다는 사실을 생각이라도 해 본 적 있는가? 그야말로 엄청난 힘 아닌가? 이런 능력을 갖고 있으면서 제대로 사용하지 않고 허비하는 것은 의미가 없다. 하나님의 말씀으로 먹고 살면 강력한 효과를 얻는다. 당신의 삶을 언제나 진리가 함께할 수 있는 에너지원으로 만들어 주는 것이다.

그래서 우리는 성경을 공부해야 한다. 진리의 원천, 행복의 원천, 승리의 원천, 성장의 원천, 힘의 원천이기 때문이다. 하지만 하나님의 말씀을 공부함으로써 얻는 가장 중요한 유익이 한 가지 더 남아 있다.

성경 공부를 통해 얻는 여섯 번째 유익:
우리를 인도해 주신다

우리가 성경을 공부해야 하는 이유는 인도하심의 원천이기 때문이다. 나는 하나님이 내가 무엇을 하기를 바라시는지 알고 싶을 때면 성경을 들여다본다. 누군가 "하나님의 뜻을 찾고 있다"라고 말하는 것을 들어보았을 것이다. 하나님의 뜻을 어디에다 잃어버리기라도 한 것일까? 이런 사람들은 하나님이 당신의 뜻을 찾기 어려운 곳에 숨겨 놓으셨다고 생각하는 것 같다. 하나님의 뜻은 찾기 쉬운 곳, 바로 성경에 있다. 성경을 공부하면 계속해서 '이것이 하나님의 뜻이다'라고 하는 구절을 찾게 될 것이다.

그러므로 성경을 공부함으로써 하나님의 뜻을 알 수 있다. 시편 119편 105절을 보라. "주의 말씀은 내 발에 등이요 내 길에 빛이니이다." 주님의 말씀이 우리를 인도하신다는 뜻이다. 나는 뭔가 결정해야 할 때면 성경을 펼쳐 구약성경이나 신약성경에서 누군가가 나와 비슷한 문제로 고심하지 않았는지 살펴보고 하나님이 그들을 어떻게 인도하셨는지 알아본다. 혹은 나에게 직접적인 해답을 제시할 성경 구절을 찾아보기도 한다.

하지만 여기에는 주관적인 요소도 있다. 우리 그리스도인들에게는 하나님의 영이 거하신다(롬8:9). 요한일서 2장 27절은 이렇게 말한다. "너희는 주께 받은 바 기름 부음이 너희 안에 거하나니 아무도 너희를 가르칠 필요가 없고 오직 그의 기름 부음이 모든 것을 너희에게 가르치며 또 참되고 거짓이 없으니 너희를 가르치신 그대로 주 안에 거하라."

당신이 성경을 공부하면 당신 안에 거하시는 성령님은 하나님의 말씀이 당신을 인도하도록 당신에게 맞게 적용한다. 진리와 우리 안에 거하시는 진리의 교사가 경이로운 결합을 이루어 내는 것이다. 우리는 무엇을 배웠는가? 성경 공부를 통해 위대한 유익을 얻음을 알았다. 그것은 진리, 행복, 승리, 성장, 힘 그리고 인도하심의 원천이다.

• • •
우리는 어떻게 행동해야 할까?

이것이 사실이고 성경이 이 모든 것을 해낸다면, 우리는 어떻게 행동해야 할까? 몇 가지 모범 답안을 알려 주겠다.

믿으라

성경이 말하는 그대로 믿으라. 요한복음 6장 67절에서 68절의 말씀을 보자. 예수님은 열두 제자에게 물으셨다. "너희도 가려느냐"(67절). 시몬 베드로가 대답했다. "주여 영생의 말씀이 주께 있사오니 우리가 누구에게로 가오리이까"(68절). 즉, 베드로는 이렇게 말한 것이다. "저는 주님을 떠날 수 없습니다. 주님께서 진리의 원천임을 알았습니다." 주님의 말씀이 진리라고 생각한다면, 꿋꿋이 버티고 믿으라.

귀하게 여기라

성경이 하나님의 말씀이라면 귀하게 여기라. 욥기 23장 12절에서는 "정한 음식보다 그의 입의 말씀을 귀히 여겼도다"라는 욥의 위대한 발언이 나온다. 성경이 하나님의 말씀이라면, 그렇게 될 것이라고 말씀하신 대로 모든 것이 이루어질 것이니, 그대로 믿고 귀하게 여겨야 한다. 시편 138편 2절은 이렇게 말한다. "주께서 주의 말씀을 주의 모든 이름보다 높게 하셨음이라." 놀랍지 않은가? 하나님께서도 그 무엇보다 말씀을 높이셨다.

에베소의 사람들은 아르테미스 여신을 숭배했다. 사람들은 아르테미스가 멋지고 아름다운 젊은 여성이라고 여겼다. 하지만 그녀는 기괴하고 추한 모습의 야수였다. 그럼에도 그들은 우상 숭배를 계속했다. 하늘에서 내려온 것이니 공경해야 한다는 미신이 있었기 때문이다. 하지만 성경이야말로 하늘에서 내려온 것이다. 그러니 성경을 믿고 귀하게 여기라.

사랑하라

성경은 전부 진실이니 우리는 그것을 사랑해야 한다. 시편에서도 이렇게 말하지 않는가. "내가 주의 법을 어찌 그리 사랑하는지요"(시119:97a). 내가 좋아하는 구절은 여호와의 법에 대해 말하는 시편 19편 10절이다. "금 곧 많은 순금보다 더 사모할 것이며 꿀과 송이꿀보다 더 달도다." 사실 시편 19편 7절부터 10절은 성경에서 가장 아름다운 부분이다. 그러니 성경 말씀을 믿고 귀하게 여기고 사랑하라.

순종하라

앞서 이야기했듯, 성경은 진실이니 우리는 순종해야 한다. 요한일서 2장 5절의 경고를 따라야 한다. "누구든지 그의 말씀을 지키는 자는 하나님의 사랑이 참으로 그 속에서 온전하게 되었나니." 이 말씀대로라면, 우리는 어떤 대가를 치르더라도 성경 말씀을 믿고 귀하게 여기고 사랑하고 순종해야 한다.

그런 점에서 로마서 6장 16절의 말씀은 흥미롭다. "너희 자신을 종으로 내주어 누구에게 순종하든지 그 순종함을 받는 자의 종이 되는 줄을 너희가 알지 못하느냐." 당신 자신을 주님의 종으로 내어 드림으로써 주님께 순종하라.

싸우라

성경은 진실이니 이를 위하여 싸우라! 유다서 1장 3절은 말한다. "믿음의 도를 위하여 힘써 싸우라." 여기서 '믿음의 도'란 '드러난 진리의 핵심'을 뜻한다. '힘써 싸우라'는 뜻으로 사용된 헬라어는 '에파고니조마이(epagonizomai)'로, '필사적으로 싸우다'라는 뜻이다.

주님의 말씀을 위해 전력을 다해 싸우고, 주님의 말씀을 수호하기 위한 전투에 참여하라. 성경이 참된 진실이라면, 그런 성경이 우리가 할 수 있다고 말한 것들에 대해 그대로 믿고, 귀하게 여기고, 사랑하고, 순종하고, 이를 위해 싸우라.

전파하라

디모데후서 4장 2절에서 바울은 이렇게 말한다. "너는 말씀을 전파하라." 말씀이 진실이라면 전파하라. 이렇게 우리가 믿고, 귀하게 여기고, 사랑하고, 순종하고, 싸우고, 전파하려면 다음을 행해야 한다.

공부하라

디모데후서 2장 15절에서 바울은 디모데에게 이렇게 말한다. "너는 진리의 말씀을 옳게 분별하며 부끄러울 것이 없는 일꾼으로 인정된 자로 자신을 하나님 앞에 드리기를 힘쓰라." 이 말씀의 '옳게 분별하며(rightly dividing)'라는 부분에서 '분별'에 해당하는 헬라어의 문자적인 의미는 '일직선으로 반듯하게 자르다(cut it straight)'이다.

바울은 여기서 고대의 천막 장인들이 쓰는 용어를 사용하고 있는 것이다. 그들은 여러 동물의 가죽을 잘라, 그 잘린 조각들을 이어 붙여 하나의 큰 텐트를 만들었는데, 각각의 조각을 제대로 자르지 못하면 전체적으로 잘 맞지 않았다. 다시 말해 바울은 말씀에 대한 바른 분별과 해석이 없이는 제대로 된 신학을 할 수 없다는 의미를 전하고 싶었던 것이다. 말씀 한 구절 한 구절을 적절하게 해석하고 분별해야만 참된 기독교 신학을 할 수 있다. 그러기 위해서는 공부가 필요하다.

찰스 스펄전(Charles Spurgeon, 영국의 침례교 목사이자 설교의 대가—옮긴이)은 그리스도인이라면 누구나 성경을 공부해야 한다고 주장했다. 아볼로에 대해 알고 있는가? 성경은 그를 "성경에 능통한 자"(행18:24)라고 칭송한다. 당신이 주님의 말씀을 공부하고, 전파하고, 이를 위하여 싸우고, 순종하고, 사랑하고, 귀하게 여기며, 믿기를 기도한다.

🏛 정리하기

. . . .

1. 두 종류의 순종(obedience)은 어떻게 구분되는가? 그 차이점을 설명하라.

2. 베드로는 물고기를 잡으러 가지 않았어야 했지만 요한복음 21장 3절에서 나왔듯 물고기를 잡으러 간 이유는 무엇인가? 그가 아무것도 잡지 못하고 돌아오자 예수님이 그에게 가르치신 교훈은 무엇인가?

3. 예수님이 베드로에게 당신을 사랑하느냐고 물으셨을 때, 어째서 베드로는 답을 하면서 예수님이 그에게 질문할 때 사용하신 것과 똑같은 단어를 사용하지 않았는가? (요 21:15~17)

4. 베드로가 자신이 예수님을 사랑하고 있음을 입증하기 위해 어떻게 했는지 설명하라.

5. 예수님은 무엇을 토대로 예수님을 향한 베드로의 헌신적인 사랑을 받아들이셨는가?

6. 하나님이 믿는 자들에게 축복과 기쁨을 내리시는 때는 언제인가?

7. 올바른 마음의 열매가 따르지 않는 행위의 열매를 무엇이
   라 부르는가?

8. 그리스도인들이 슬픔을 경험해 보아야 하는 이유는 무엇
   인가?

9. 하나님의 말씀은 그리스도인들에게 어떤 승리를 가져다
   주는가? 승리는 어떻게 얻을 수 있는가?

10. 하나님께서 예수 그리스도에 대한 사탄의 유혹을 시험
    이라 여기신 이유는 무엇인가? 반면 사탄은 이를 왜 유혹
    이라 여겼는가? (마4:1)

11. 마태복음 4장 3절에서 사탄은 예수님에게 무엇을 해 보
    라 하였나? 그리고 예수님은 어떻게 대답하셨는가? (마4:4)

12. 마태복음 4장 5~6절에서 사탄은 예수님께 무엇을 해 보라
    하였나? 그리고 예수님은 어떻게 대답하셨는가? (마4:7)

13. 누가복음 4장 33~36절에서 예수님은 어떻게 귀신들린
    사람에게서 귀신을 쫓아내셨는가?

14. 하나님의 말씀이 칼과 같은 이유는 무엇인가?

15. 그리스도인이 자신의 삶에서 승리를 거두는 유일한 방
    법은 무엇인가?

16. 일부 그리스도인들은 왜 영적으로 성장하지 못하는가?

17. 영적 성장의 두 가지 전제조건은 무엇인가? 각각 설명하라.

18. 요한일서 2장 13~14절에서 설명하는 성장의 단계를 설명하라.

19. 영적 성장의 첫 번째 단계에 있음을 어떻게 알 수 있는가?

20. 영적 성장의 두 번째 단계에 있는 신자들은 어떤 특징을 갖고 있는가?

21. 사탄은 어떤 일에 가장 노력을 많이 쏟는가? (고후4:4)

22. 영적 성장의 세 번째 단계에 있는 신자들의 특징은 무엇인가?

23. 성경이 힘의 원천임을 보여주는 성경 구절은 무엇인가?

24. 하나님이 믿는 이들에게 약속하신 부유함은 무엇인가?(엡 1:3~3:12) 우리가 진리를 배우면 어떤 일이 일어나는가?

25. 성경은 어떻게 믿는 이들을 하나님의 뜻으로 인도하는가?

26. 성경은 진리, 행복, 승리, 성장, 힘, 인도하심의 원천이므로, 그리스도인이라면 이에 어떻게 화답해야 하는가? 각각 유익에 대해 설명하라.

27. 디모데후서 2장 15절에 따르면 우리가 성경을 힘써 공부해야 하는 이유는 무엇인가?

1. 하나님이 당신의 마음을 들여다보시면 무엇을 보게 되실까? 주님께 순종하고 있는 당신인가, 순종하려는 마음을 갖고 있는 당신인가? 혹은 설사 순종할 수 없을 때에라도 당신이 순종하려는 진실한 의지를 갖고 있는지 알아보실까?

   당신은 영적 행보에서 행복을 경험하고 있는가? 그렇지 않다면, 진실된 바람 없이 그저 행위로만 하나님께 순종하고 있는 것일 수도 있다. 이번 기회에 자신의 마음을 들여다보라. 그리고 당신이 하나님께 순종하는 이유를 생각해 보라. 주님께 당신의 진실된 바람을 발견해 주시기를 간구하라. 그리고 영적 행보에서 신실하지 못한 부분이 있다면, 지금 당장 하나님께 고백하라. 그리고 당신의 삶 속에서 주님께 순종하려는 바람을 갖게 되기를 주님께 기도하라.

2. 마태복음 4장 1~11절을 다시 읽어 보라. 사탄의 유혹에

대해 예수님께서는 세 번에 걸쳐 성경 말씀으로 사탄의 공격을 막아내셨다. 당신도 사탄의 공격에 성경 말씀으로 방어할 준비가 되어 있는가? 디모데후서 2장 15절을 읽어 보라. 그러면 말씀을 정확히 분별할 수 있을 것이다. 성경을 더 잘 알기 위해서 어떻게 해야 할까? 말씀에 전념하라.

3. '어린아이'부터 시작해 '청년', '아버지'로 발전하는 성장의 단계에 대한 부분을 다시 읽어 보자. 당신은 현재 어느 단계에 있는가? 그렇게 생각하는 이유는 무엇인가? 어째서 다음 단계로 나아가지 못한다고 생각하는가? 다음 단계로 가기 위해서 당신은 어떻게 해야 하는가? 하나님 아버지를 아는 어린아이 단계에서 청년 단계로 올라가려면 하나님의 말씀을 알아야 하고, 더 나아가 아비의 단계로 올라가려면 성경의 이면에 숨은 의미까지 깨달아 하나님을 아는 지식이 깊어져야 한다.

4. 이번 장 마지막 부분에 나오는 하나님의 말씀을 대하는 일곱 가지 마음가짐을 다시 읽어 보라. 당신은 하나님의 말

씀을 믿는가? 그 말씀은 당신의 삶에서 어떻게 드러나는가? 하나님의 말씀을 귀하게 여기는가? 이를 어떻게 드러내는가? 하나님의 말씀을 사랑하는가? 이를 어떻게 드러내는가? 당신은 어떤 경우에도 하나님의 말씀에 순종하는가?

순종하려는 마음을 향상시키기 위해, 요한일서 2장 5절을 외우라. 당신은 다른 사람들에게 하나님의 말씀을 전파하고 가르치고, 이에 대해 그들과 대화하는가? 당신이 하나님의 말씀을 통해 섬길 수 있는 사람의 예를 들어 보라. 하나님의 말씀을 끊임없이 공부할 때에만 당신이 말씀을 믿고, 귀하게 여기고, 사랑하고, 순종하고, 말씀을 위해 싸우고, 전파할 수 있을 것이다.

Chapter 3

누가 성경을
공부할 수
있을까?

how to stu

y the bible

CHAPTER 3

19세기 덴마크의 종교철학자 키르케고르(Søren Aabye Kierkegaard)는 기독교와 종교에 대해 많은 저술을 남겼는데, 전부 곧이곧대로 수용할 만큼은 아니지만 그중에는 심오한 내용도 있다. "많은 사람이 교회를 극장으로 여기며, 설교자는 배우요, 자신들은 그의 연기에 대해 칭찬이나 비난을 보내는 비평가라고 생각한다. 하지만 사실 그들이야말로 자기 삶의 배우다. 설교자는 단지 사람들이 대사를 잊지 않도록 보여 주는 프롬프터에 지나지 않는다."

그는 문제의 본질을 인식하고 있었다. 극장에 가듯 교회에 가는 것은 쉽다. 앉아서 무대 위 공연을 보면서 칭찬이나 비판을 늘어놓으면 된다. 하지만 목회자들이 강대상에 오르는 목적은 앞에 있는 성도들을 고무시키기 위해서다.

내가 성경을 공부하고 가르치는 이유도 여러분들이 공부하고 다른 이들에게 가르치도록 자극하기 위해서다. 하지만 안타깝게도 많은 그리스도인들이 이 단계에 이르지 못한다. 그들은 성경을 공부하지 않고, 그래서 다른 이에게 성경을 가르칠 수도 없다.

예배 후 한 부인이 내게 말을 걸었다.

"목사님의 설교가 제게 어떤 영향을 미쳤는지 아시나요?"

"아뇨, 잘 모르겠습니다."

내가 말했다.

"성경을 공부하고 싶다는 마음을 불어넣었답니다."

그녀는 굉장히 객관적인 태도로 대답했다.

이에 내가 말했다.

"성경을 공부하고 싶다는 마음이 들게 되셨다니, 지금껏 들어본 말 중 최고의 찬사입니다."

핵심이 제대로 전달되었다고 느껴지는 순간이었다. 내 설교는 오락거리가 아니다. 좋다, 나쁘다 평가받는 쇼가 아니다. 나는 당신 스스로가 뭔가를 하도록 자극하기 위해 설교한다. 그 설교의 핵심은 바로 하나님의 말씀을 배우고 그 안에서 사는 것이다. 설교를 통해 이러한 메시지를 받지 못했다면 당신은 중요한 점을 놓친 셈이다.

안타깝게도 실제로 상당수의 그리스도인들이 이러한 단계에 이르지도, 다른 사람에게 가르치지도 못한다. 바쁘고 정신없이 살아가는 현대인들이 성경 공부를 하려고 할 때면 꼭 어려움과 방해 요소가 나타나지만, 그렇다고 해서 이것이 핑계가 되진 못한다.

바울은 디모데에게 보낸 편지에서 이렇게 말했다. "또 네가 많은 증인 앞에서 내게 들은 바를 충성된 사람들에게 부탁하라 그들이 또 다른 사람들을 가르칠 수 있으리라"(딤후 2:2). 다시 말해 "디모데야, 내가 네게 말한 것을 다른 이들에게도 전해 주기 바란다"라는 뜻이다.

당시 바울은 디모데를 다독이고 격려해야 했다. 디모데는 수많은 어려움을 겪으면서 흔들리기 시작했다. 그의 두려움이 커져 가고 사람들이 이 청년에 대해 이러쿵저러쿵 떠들어대자, 바울은 "누구든지 네 연소함을 업신여기지 못하게 하고"(딤전4:12), "또한 너는 청년의 정욕을 피하고"(딤후2:22)라고 말한다. 디모데는 청년의 혈기를 억누르고 육체의 문제를 이겨 내려 힘겨운 싸움을 벌이고 있었고, 게다가 선천적으로 소심한 사람이기도 했다. 그런 디모데에게 바울은 이렇게 말했다. "하나님이 우리에게 주신 것은 두려워하는 마음이 아니요"(딤후1:7).

에베소교회에서 활동하던 거짓 교사들은 계보와 철학을 내세우며 디모데를 맹렬히 공격했다. 디모데는 그 자리에서 논박할 수 없었다. 흔들리는 그에게 바울은 이렇게 말한 것이다. "네게 많은 것을 쏟아부었으므로 여기서 그만둘 수는 없다. 내가 너에게 알려 준 모든 것을 깊이 새기고 다른 이들에게 그것을 가르쳐 주어라." 이것이 핵심이다. 우리에게는 어려움을 극복하고 승리를 거둘 능력이 있으므로, 하나님의 가르침을 다른 이들과 나누어야 한다.

내가 처음 설교를 맡았을 때, 나는 설교 전에 성도들에게 전할 메시지에 대해 아버지와 상의했다. 아버지는 내 삶에 엄청난 영향력을 미쳤고, 아버지의 아버지가 그러셨듯 나에게 많은 것을 물려주셨다. 그래서 나도 내가 가진 것을 당신에게 전해야 한다. 당신은 그것을 받아 발전시키고 습득하여 다른 이들에게 전해야 한다. 모두가 참여하는 릴레이 경주처럼 말이다.

이제 '누가 성경을 공부할 수 있는가?'라는 질문을 이해하는 데 필요한 기본적인 요소들을 살펴보자. 첫 번째 조건은 다음과 같다.

● ● ●
성경을 공부하는 사람이 되려면

말씀을 알아야 한다

성경을 공부하려면 성경 공부가 필요하다는 확신이 있어야 한다. 성경 공부가 필요한 이유를 알려 주는 성경 구절을 살펴보자.

먼저 호세아 4장 1절부터 6절을 보자. 호세아는 하나님의 백성들이 그분을 외면하는 이스라엘의 현실을 목도했다. 그들은 음행을 저지르고 하나님께 경배하지 않는 등 모든 종류의 죄를 짓고 있었다. 그들의 근본적인 문제는 무엇일까? 어떻게 이러한 일이 일어난 것일까? 어째서 이런 지경에 이른 것일까? 1절의 말씀에 주목하자. "이스라엘 자손들아 여호와의 말씀을 들으라." 호세아는 문제를 정확히 지적한다. 나라가 주님의 말씀을 듣지 않으면, 혼란과 혼돈이 일어난다.

그는 뒤이어 말한다. "여호와께서 이 땅 주민과 논쟁하시나니 이 땅에는 진실도 없고 인애도 없고 하나님을 아는 지식도 없고." 그들은 기초를 무너뜨렸다. 토대가 없어졌으니 무엇이 남았겠는가? "오직 저주와 속임과 살인과 도둑질과 간음뿐이요 포악하여 피가 피를 뒤이음이라"(2절). 하나님 말씀에 기초를 두지 않으니 온 나라에 혼란이 찾아왔다.

오늘날 이 땅의 현실을 염려하는 사람이 많다. 범죄, 가족의 붕괴, 정부의 혼란, 경제 위기 등 모두가 이런 문제에 대해 근심한다. 하지만 하나님의 말씀이 우리의 절대적인 기준이 되어야 함을 재확인하고 이를 따르기로 결심하지 않는 한, 이 문제는 해결되지 않는다.

이스라엘은 호세아 시대에 망했다. 말씀의 토대를 무너뜨리자 지금껏 쌓아 온 모든 것이 혼란으로 돌아간 것이다. 주님의 말씀을 듣지 않은 이스라엘에는 재앙이 일어나기 시작했다. 3절에서는 이렇게 말한다. "그러므로 이 땅이 슬퍼하며 거기 사는 자와 들짐승과 공중에 나는 새가 다 쇠잔할 것이요 바다의 고기도 없어지리라."

모든 상황이 악화되어 갔다. 6절은 이렇게 정리한다. "내 백성이 … 망하는도다." 그 이유는 무엇인가? "지식이 없으므로." "네가 지식을 버렸으니." 사회가 하나님의 율법과 지식을 버린다는 것은 혼란으로 가는 수문을 여는 셈이다.

잠언 1장 20절부터 33절에서는 하나님 말씀의 중요성을 거듭 말한다. 이스라엘의 모습에서 보았듯이 하나님의 말씀이 한 나라의 토대가 되어야 한다면, 개인의 삶에서도 마찬가지다. 만약 당신이 삶의 근간을 말씀 위에 두고 행동 지침으로 삼으며 그 견실한 토대 위에서 살아가지 않는다면, 그것은 실질적인 기반이 없이 살아가는 것과 같다.

잠언에서는 이렇게 말한다. "지혜가 길거리에서 부르며 광장에서 소리를 높이며"(20절) 이르되, "너희 어리석은 자들은 어리석음을 좋아하며 거만한 자들은 거만을 기뻐하며 미련한 자들은 지식을 미워하니 어느 때까지 하겠느냐"(22절). 지혜는 이렇게 외쳤지만, 사람들은 귀를 막고 말씀 듣기를 거부하였다(24절). 우리는 지혜의 말씀에 집중하고 따라야 한다(23, 25, 33절). 그렇지 않았을 때의 결과는 우리 몫이다.

하나님의 말씀은 모든 것의 기초가 되기 때문에 성경 공부는 굉장히 중요하다. 언젠가 한 판사가 나에게 편지를 보내어 물었다. "성경은 법률상 정의에 대해 어떻게 해석합니까?" 이렇게 물은 의사도 있었다. "성경은 아이들을 바르게 훈육하는 방식에 대해 뭐라 말합니까?" 또 이런 질문을 던진 의사도 있었다. "성경은 낙태에 대해 어떻게 말합니까? 안락사요? 특정 심리나 정신질환에 대해서는 어떻게 다루라고 하나요?" 즉, 하나님의 말씀이 기준인 것이다! 우리 안에 하나님의 말씀에 대한 지식이 없으면 바르게 살아갈 수 없다. 따라서 우리는 하나님 말씀을 배우는 학생이 되어야 하는 것이다.

로마서 12장 2절은 이렇게 말한다. "너희는 이 세대를 본받지 말고 … 변화를 받아." 그런데 그리스도인인 우리는 우리를 에워싸고 있는 이 타락한 제도를 어떻게 벗어날 수 있을까? 오늘날 세상의 사고방식을 어떻게 뛰어넘을 수 있을까? 바울은 말한다. "오직 마음을 새롭게 함으로 변화를 받아 하나님의 선하시고 기뻐하시고 온전하신 뜻이 무엇인지 분별하도록 하라."

먼저, 당신이 마음에 담고 살아가야 할 말씀을 알아야 한다. 하나님의 진리에 대한 지식 없이 변화하기만 서두른다면, 결국 이 세상의 시스템을 벗어나지 못할 것이다. 이러한 내용은 에베소서 4장 23절에서도 "오직 너희의 심령이 새롭게 되어"라고 반복해서 가르친다.

비슷한 가르침을 주는 성경 구절을 몇 가지 더 살펴보자.

"내가 기도하노라 너희 사랑을 지식과 모든 총명으로 점점 더 풍성하게 하사"(빌1:9)

"무슨 덕이 있든지 무슨 기림이 있든지 이것들을 생각하라"(빌4:8b)

"하나님을 아는 것에 자라게 하시고"(골1:10b)

"오직 우리 주 곧 구주 예수 그리스도의 은혜와 그를 아는 지식에서 자라 가라"(벧후3:18a)

"이는 하나님의 사람으로 온전하게 하며 모든 선한 일을 행할 능력을 갖추게 하려 함이라"(딤후3:17)

"내 아들아 꿀을 먹으라 이것이 좋으니라 송이꿀을 먹으라 이것이 네 입에 다니라 지혜가 네 영혼에게 이와 같은 줄을 알라"

(잠24:13~14a)

사실 잠언의 말씀 전체는 하나님의 진리를 배우고, 알고, 그 안에서 살며, 계속해서 지혜를 구하라는 명령이다. 모든 히브리 소년들은 자라면서 삶에서 하나님의 기준을 배우기 위해 잠언을 공부해야 했다.

말씀 안에서 살아야 한다

말씀을 알게 되었으니, 그 말씀 안에서 살아야 한다. 성경에서 말하는 지식은 순종과 별반 다르지 않았다. 성경에는 이론이 없다. 즉, 헬라인들은 '지혜'(sophia, 혹은 이론적 지식)를 이성적인 지식으로 받아들였지만, 히브리인들은 지혜를 행위의 맥락으로 받아들였다. 따라서 유대인들은 하나님의 율법과 일치하는 지식대로 살지 않는다면 그 지식을 제대로 이해하지 못한 것이라 여겼다. 즉, 지혜는 관념이 아니라 실제로 행하는 것이다.

그래서 성경이 우리에게 알려 준 지식과 지혜, 이해, 계몽, 인식은 행동으로 이어져야 한다. 말씀대로 살아야 우리는 그 말씀

을 제대로 이해하게 된다.

이 중요한 원리를 보여 주는 성경 구절을 살펴보자.

"예수께서 이르시되 오히려 하나님의 말씀을 듣고 지키는 자가 복이 있느니라"(눅11:28)

"너희가 나를 사랑하면 나의 계명을 지키리라"(요14:15)

"하나님을 사랑하는 것은 이것이니 우리가 그의 계명들을 지키는 것이라"(요일5:3a)

"다만 그들이 항상 이같은 마음을 품어 나를 경외하며 내 모든 명령을 지켜서 그들과 그 자손이 영원히 복 받기를 원하노라"(신5:29)

하나님은 여호수아에게 성경을 공부하고 이를 묵상하라고 말씀하셨다. "이 율법책을 네 입에서 떠나지 말게 하며 주야로 그것을 묵상하여 그 안에 기록된 대로 다 지켜 행하라 그리하면 네 길이 평탄하게 될 것이며 네가 형통하리라"(수1:8). 즉, "여호수아야, 너는 하나님의 율법을 지켜야 한다"라는 뜻이다.

율법이 무너졌을 때 이스라엘은 혼란에 빠졌다. 이러한 암울한 때에 왕위에 오른 요시야는 우상들을 제거하여 그 땅과 성전을 정결하게 하고 여호와의 성전을 수리하게 하였는데, 이때 성전에서 모세가 전한 여호와의 율법책이 발견된다. 사람들은 여호와의 전에 올라가 함께 언약책의 모든 말씀을 읽었고, 삶의 기준을 다시 말씀으로 잡고 하나님의 언약을 따르기로 하였다 (대하34:14~32).

"이는 하늘이 땅보다 높음 같이 내 길은 너희의 길보다 높으며 내 생각은 너희의 생각보다 높음이니라 이는 비와 눈이 하늘로부터 내려서 그리로 되돌아가지 아니하고 땅을 적셔서 소출이 나게 하며 싹이 나게 하여 파종하는 자에게는 종자를 주며 먹는 자에게는 양식을 줌과 같이 내 입에서 나가는 말도 이와 같이 헛되이 내게로 되돌아오지 아니하고 나의 기뻐하는 뜻을 이루며 내가 보낸 일에 형통함이니라"(사55:9~11). 즉, 하나님은 이렇게 말씀하신 것이다. "비와 눈이 내려 땅을 적시듯, 나의 말이 너희에게 내려 너희의 삶을 성장하게 하리라."

"내가 주의 성전을 향하여 예배하며 주의 인자하심과 성실하심으로 말미암아 주의 이름에 감사하오리니 이는 주께서 주의 말씀을 주의 모든 이름보다 높게 하셨음이라"(시138:2). 다윗은 경배하는 마음을 품고 이렇게 주님을 찬송하였다. "주님, 당신의 진리를 마음의 토대로 삼고 당신을 예배하나이다." 진리의 말씀으로 하나님을 예배하지 않고 그 의미를 마음에 새기지 않는다면, 진실되게 하나님을 예배한다고 할 수 없다.

요한복음 4장 24절에서 예수님은 이렇게 말씀하신다. "하나님은 영이시니 예배하는 자가 영과 진리로 예배할지니라." 경배를 드릴 때는 자신의 방식대로 해서는 안 된다. 사울은 제사장만이 하나님께 제사를 드릴 수 있다는 율법을 어기고 급한 마음에 자신이 직접 번제를 드렸다. 사울처럼 하나님의 명령을 어기고서 "나는 주님께 예배를 드렸다"라고 해서는 안 된다(삼상 13:10~14). 하나님은 우리가 자의적으로 하는 것이 아니라 오직 말씀에 따라 예배 드리길 원하신다. 진실된 예배는 하나님의 말씀을 사랑하는 성도들의 삶을 통해 드려지는 것이다.

"행위가 온전하여 여호와의 율법을 따라 행하는 자들은 복이 있음이여 여호와의 증거들을 지키고 전심으로 여호와를 구하는 자는 복이 있도다 … 내가 주께 범죄하지 아니하려 하여 주의 말씀을 내 마음에 두었나이다"(시119:1~2, 11). 시편 119편은 성경 전체를 통틀어 가장 장엄한 부분인데, 176개의 모든 구절에서 하나님의 말씀에 순종해야 한다고 가르치고 있다.

여기서 우리는 성경이 하나님의 말씀에 순종하기를 요구한다는 사실을 알 수 있다. 행이 이어질수록 말씀의 중요성은 거듭 강조된다.

말씀대로 살겠다고 진심으로 결단할 수 있는가? 당신에게 부담을 주고 싶진 않다. 다만 당신 스스로 그것이 옳다고 생각하고 그렇게 하기를 바랄 뿐이다. 어쩌면 당신은 "성경 공부는 너무 힘들어"라고 말할 수도 있다. 하지만 "너희 기쁨을 충만하게 하려 함이라"(요15:11b)라고 말씀하시지 않는가. 기쁨이 충만한 삶을 살고 싶지 않은가? 그것이 바로 하나님께서 성경을 쓰신 이유다.

요시야 왕은 하나님의 언약을 지켰고, 하나님은 진실로 그런 그를 축복하셨다. 역대하 34장 31절은 말한다. "왕이 자기 처소에 서서 여호와 앞에서 언약을 세우되." 청년 요시야는 암울했던 고대 이스라엘 역사 가운데 한줄기 빛과 같은 사람이었다. 그는 경건한 사람이었고 하나님 앞에 언약을 세웠다. "마음을 다하고 목숨을 다하여 여호와를 순종하고 그의 계명과 법도와 율례를 지켜 이 책에 기록된 언약의 말씀을 이루리라." 이는 요시야가 "주님, 제가 사는 동안 당신의 말씀을 배우고 그 안에 살아가겠노라 약속합니다"라고 고백한 것이다. 바로 이 점이 그가 그 이전이나 후대의 왕들과 달랐던 이유다. 당신도 하나님 앞에서 이와 같은 언약을 맺는다면 주님께서 당신을 높이실 것이다. 그런데도 당신은 이러한 언약을 맺지 않겠는가?

이제 핵심 질문으로 돌아가자. 실제로 성경을 공부할 수 있는 이는 누구인가? 나는 앞서 모두가 성경을 공부해야 한다고 말해 왔지만, 성경을 공부할 수 있고 거기서 뭔가를 얻을 수 있는 사람은 누구일까? "글쎄요, 그러려면 강의를 듣거나 신학교에 가야겠죠" 혹은 "성경을 이해하려면 책을 많이 읽어야겠죠"라고 대답할 수도 있겠다. 하지만 정말 그럴까?

성경을 이해해야 한다고 주장하는 사람들이 있다. 그렇다면 어떤 사람들이 진짜로 성경을 이해할 수 있을까? 성경을 이해하기 위한 기본적인 조건은 무엇인가? 이제부터 성경을 이해할 수 있는 사람이 되기 위한 여섯 가지 조건에 대해 나누도록 하겠다.

성경을 이해할 수 있는 사람이 되기 위한 여섯 가지 조건

첫 번째 조건: 믿는 자여야 한다

성경 공부는 힘들지만 그보다 우리의 마음이 어디에 있는지가 먼저다. 예수 그리스도를 제외하고 누구도 그분의 메시지를 온전히 알 수는 없다.

믿는 자는 이해할 수 있다

성경을 이해하려면 진실된 그리스도인이 되어야 한다. '회심하지 않으면 성경을 이해할 수 없다는 말입니까?'라고 물을 수도 있다. 그렇다! "오직 하나님이 성령으로 이것을 우리에게 보이셨으니"라는 고린도전서 2장 10절의 말씀에서 우리는 놀라운 통찰을 찾을 수 있다. 여기서 '이것'은 하나님의 진리, 법 혹은 말씀을 가리킨다. 누가 그것을 받을 수 있는가? '우리에게'라는 구절을 보자. 번역된 성경에서는 중요하게 보이지 않겠지만, 헬라어로 쓴 원문에서는 '우리에게'라는 표현을 문장의 맨 앞에

배치하여 강조했다는 점에서 중요한 의미를 지닌다.

바울은 하나님의 진리를 '우리에게' 보이셨다고 말하는데, 여기서 '우리'는 믿는 자들을 가리킨다. 이는 바울이 앞에서 언급한 것과 대비된다. 고린도전서 1장 18절부터 2장 9절까지의 말씀에서 바울은 이 세상의 철학자들이 하나님의 진리에 대해 얼마나 무지한지에 대해 이야기한다.

이 세상의 철학자들은 하나님의 진리를 알 수 없을까? 그 답은 고린도전서 2장 9절에 있다. "눈으로 보지 못하고." 그들은 진리를 발견하거나 경험할 수 없다. 게다가 "사람의 마음으로 생각하지도 못하였다." 인간의 생각이나 감정, 사고 혹은 개인의 경험을 통해서는 진리를 찾을 수도 없다. 철학자들의 지성이 아무리 뛰어나다 하더라도 하나님의 진리만큼은 그 어디에서도 찾을 수 없다.

왜 그럴까? 하나님께서 그것을 그들이 아닌 '우리에게' 보이셨기 때문이다. 바울은 8절에서 세상의 지혜를 말하는 자들, '이 세대의 통치자들'이 있지만, 이들 중 한 사람도 진리를 알지 못한다고 말한다. 그들에게는 하나님의 영이 없기 때문이다. "사람의 일은 사람의 속에 있는 영 외에 누가 알리요 이와 같이 하나님의 일도 하나님의 영 외에는 아무도 알지 못하느니라"(11절).

만일 우리 안에 영, 즉 성령님이 거하지 않는다면 우리는 결코 하나님의 진리를 알 수 없다. 자신이 뭔가 알고 있다고 생각할 수도 있고, 뭔가를 이해하려 시도할 수도 있지만, 그 참된 의미를 진실로 알 수는 없다. 진리를 알고 그 안에서 살아간다고 느끼지도 못할 것이다.

반면 그리스도인들에 대해서는 12절에서 이렇게 말한다. "우리가 세상의 영을 받지 아니하고 오직 하나님으로부터 온 영을 받았으니." '세상의 영'은 인간의 이성과 같은 뜻으로 풀이된다. 그리스도인은 인간의 이성이 아닌 "하나님으로부터 온 영"으로 말미암는다. "하나님께서 우리에게 은혜로 주신 것"으로 말미암아 우리가 진리를 알 수 있는 것이다.

믿지 않는 자는 이해할 수 없다

믿지 않는 자의 특징은 고린도전서 2장 14절에 요약되어 있다. "육에 속한 사람은 하나님의 성령의 일들을 받지 아니하나니 이는 그것들이 그에게는 어리석게 보임이요, 또 그는 그것들을 알 수도 없나니 그러한 일은 영적으로 분별되기 때문이라." 믿지 않는 사람은 하나님의 진리를 깨달을 수 없다. 이는 "사람의 일은 사람의 속에 있는 영 외에 누가 알리요"라는 11절 말씀과 맥락을 같이 한다. 죽은 자는 아무것도 알 수 없다. 영이 없기 때문이다. 마찬가지로 하나님의 영이 없는 사람은 영적으로 아무것도 알지 못한다는 점에서 죽은 자와 다를 바 없다. 영적인 죽음의 가장 두드러진 특징은 하나님에 대한 지식의 부재이며, 이는 곧 하나님의 영이 그 안에 계시지 않기 때문이다.

그래서 그리스도를 알지 못하면 성경을 알 수 없다. 거짓 종교 입장에서는 유감스러운 일이다. 그들은 정교한 이론을 지어내지만, 무엇보다 하나님을 알지도 못하고 심지어 예수 그리스도를 부인한다. 결국 혼란에 혼란이 더해지면서, 진리는 걷잡을 수 없이 뒤죽박죽이 되어 버린다. 참된 진리는 우리 주 예수 그리스도를 알고 사랑하는 이들에게만 허용된다.

마틴 루터는 이렇게 말한 바 있다. "사람은 소금 기둥 같고, 롯의 아내 같으며, 나무토막이나 돌멩이와 같다. 사람은 성령에 의해 변화되어 거듭나기 전에는 생명이 없는 석상처럼 눈을 뜰 수도, 입을 열 수도, 느끼고 표현할 수도 없다. 그래서 인간은 거듭나기 전에는 결코 하나님의 진리를 알 수 없다." 성경을 알기 위한 필수 조건은 예수 그리스도를 통해 하나님을 아는 것이다. 즉, 예수님이 구원자이심을 확신한다면 하나님의 말씀을 이해하게 될 것이다.

요한복음 8장 44절에서 예수님은 바리새인들에게 중요한 말씀을 하신다. "너희는 너희 아비 마귀에게서 났으니 너희 아비의 욕심대로 너희도 행하고자 하느니라 그는 처음부터 살인한 자요 진리가 그 속에 없으므로 진리에 서지 못하고 거짓을 말할 때마다 제 것으로 말하나니 이는 그가 거짓말쟁이요 거짓의 아비가 되었음이라." 그리고 이어서 45절에 말씀하신다. "내가 진리를 말하므로 너희가 나를 믿지 아니하는도다."

놀랍지 않은가! 그들이 예수님을 믿지 않는 이유가 그분께서 진리를 말씀하셨기 때문이며, 그래서 그들이 인지할 수 없었던 것이다. 회심의 의지가 없는 사람들에게 주시는 말씀이다. 당신이 진리를 말한다 해도 그들은 받아들이지 못할 것이다. 진리임을 인지할 수 없기 때문이다.

하지만 나는 믿지 않는 자들이 하나님께 마음을 열게 되는 지

점이 있다고 믿는다. 그에게 참된 진리가 무엇인지 알고자 하는 마음이 생기면, 그는 이렇게 고백하게 될 것이다. "주님, 저에게 당신의 진리를 가르쳐 주세요. 그리스도께서 실재하신다면, 그것을 알게 되길 원합니다."

그들이 마음을 연다면, 진리가 그들을 변화의 길로 인도하여 그들은 회심하게 될 것이다. 대체로 보통 사람들은 자기 마음의 생각을 따르게 되기 때문에 진리를 결코 알지 못한다. 그들이 하나님께로부터 가르침을 받기로 마음을 열고, 예수 그리스도를 찾을 때만이 진리에 가까이 갈 수 있다. 한 번 변화받은 사람은, 성령님이 그의 안에 거하셔서 그에게 진리를 가르치실 것이다.

두 번째 조건: 성실해야 한다

성경을 공부하기 위해서는 성실해야 한다. 성경은 닥치는 대로 제멋대로 공부해서는 알 수 없다. 성경 공부는 전념해야 하는 것이다. 이를 제대로 이해하는 데 도움이 되는 성경 구절을 살펴보자.

사도행전 17장 10~12절

사도행전 17장에서 사도 바울은 이방인들에게 선교를 하러 다닌다. 데살로니가에 머물렀던 그는 남쪽의 베뢰아로 향한다. 10절부터 읽어 보자. "밤에 형제들이 곧 바울과 실라를 베뢰아로 보내니 그들이 이르러 유대인의 회당에 들어가니라 베뢰아에 있는 사람들은 데살로니가에 있는 사람들보다 더 너그러워서 간절한 마음으로 말씀을 받고"(10~11절). 여기, 마음을 열고 말씀을 받으려는 사람이 등장한다. "이것이 그러한가 하여 날마다 성경을 상고하므로 그 중에 믿는 사람이 많고"(11~12절). 그들은 성경 공부를 성실히 하였기에 다른 이들보다 더 너그러웠다.

나는 그들이 구약성경에 근거해 하나님을 알았던 진짜 성도들이라고 믿는다. 그들은 말씀을 받고자 마음을 열고 간절히 구했기 때문에 바울에게서 복음을 들었을 때 마음이 활짝 열렸다.

여기서 '구하다(search)'라는 말은 '수사(investigation)'라는 의미의 법적 용어다. 그들은 성경이 진실인지 알기 위해 내용을 파고든 것이다. 성경은 닥치는 대로 제멋대로 공부해서는 알 수 없다.

디모데후서 2장 15절

바울은 이 구절에서 굉장히 강한 표현을 사용한다. "너는 진리의 말씀을 옳게 분별하며 부끄러울 것이 없는 일꾼으로 인정된 자로 자신을 하나님 앞에 드리기를 힘쓰라." 성경을 공부함에 있어 부지런히 '힘쓰고' 성실해야 한다는 뜻이다.

그 이유는 무엇인가? 그래야만 성경을 정확히 분별할 수 있다. 그렇지 않으면 당신은 부끄러운 모습이 되어 하나님 앞에 드려질 수 없다. 여기서 '드린다'라는 말에는 중요한 의미가 있다. 헬라어로 '도키모스(dokimos)'인데, '입증된, 시험을 통과한, 높은 수준에 있음을 보여 줌'이라는 의미다. 높은 수준의 그리스도인, 인정된 그리스도인, 부끄러울 것이 없는 그리스도인 즉, 주님의 말씀을 공부하기를 부지런히 하는 사람이다.

'옳게 분별하며'(킹제임스성경에서는 이를 'rightly dividing'으로 표현했다)라는 말은 '똑바로 자른다'라는 의미다. 바울은 염소 가죽으로 천막을 만들 때 가죽을 똑바로 잘라야 제대로 이어붙일 수 있듯이, 성경의 모든 부분을 '똑바로 자르지' 않으면 하나로 연결할 수 없다고 말한 것이다. 즉, 한 부분을 제대로 이해하지 못한다면 전체적인 내용도 이해할 수 없다는 뜻이다.

주님의 말씀을 공부할 때는 각각의 부분을 똑바로 자르듯 제대로 알아야 전체가 하나로 온전히 이어진다. 그래야만 온전히 이해할 수 있다. 뛰어난 설교자였던 캠벨 모건(Campbell Morgan)은 말했다. "감동의 95퍼센트는 노력이 만든다."

디모데전서 5장 17절

"잘 다스리는 장로들은 배나 존경할 자로 알되 말씀과 가르침에 수고하는 이들에게는 더욱 그리할 것이니라." 바울은 여기서 '수고한다'는 뜻으로 '땀 흘리고 녹초가 될 정도로 일하다'라는 의미의 헬라어 동사 '코피아오(kopiaō)'라는 단어를 사용했다. 성경을 볼 때는 성실하게 각고의 노력을 기울여야 한다.

당신이 성경을 공부하고 성경의 가르침을 얻는 데 전념하기로 정했다면 첫째, 예수님이 나의 주인이 되시며 구원자이심을 알고 고백해야 한다. 그래야만 성령님의 인도하심을 따라 가르침을 받게 될 것이다. 둘째, 반드시 성실해야 한다.

세 번째 조건: 간절히 원해야 한다

세 번째이며 가장 중요한 부분인데, 성경을 이해하려면 곧 그것을 간절히 원해야 한다. 성경 공부를 한다고 해서 저절로 좋은 학생이 되지는 않는다. 간절히 원해야만 가능하다. 성경에서는 이를 어떻게 설명하는지 살펴보자.

말씀에 대한 갈급함(벧전2:2)

"갓난 아기들 같이 순전하고 신령한 젖을 사모하라 이는 그로 말미암아 너희로 구원에 이르도록 자라게 하려 함이라." 갓난 아기들은 오직 한 가지, 바로 젖만을 원한다. 그 밖의 다른 것에는 관심이 없다. 커튼이나 카펫이 무슨 색깔이든 개의치 않는다. 잠옷 색깔이 무엇인지, 어떤 자동차를 살 것인지 신경 쓰지 않는다. 아기가 원하는 것은 오직 젖뿐이다. 갓난아기들은 한 가지 생각밖에 못한다. 이를 두고 베드로는 이렇게 말한 것이다. "아기가 젖, 오직 젖만을 원하듯, 주님의 말씀을 갈망하라."

때로 나에게 우리 교회에서는 왜 성경을 공부하느냐고 묻는 사람들이 있다. 목회자라면 내게 이렇게 말할 것이다. "당신의 교회는 성경 공부를 하면서 크게 성장했더군요. 저도 그런 방법으로 교회를 키워 보고 싶네요." 하지만 그들이 성경을 가르치고자 하는 진짜 목적은 성경에 대한 갈망보다는 교회를 키우기 위함이다. 그러나 그렇게 얕은 수는 효력을 발휘하지 못한다. 말씀에 대한 갈급함이 있어야만 한다!

말씀을 구하라(욥28:1~18)

나는 지식과 이해에 대한 잠언 2장 4절 말씀을 사랑한다. "은을 구하는 것 같이 그것을 구하며." 사람들이 은을 찾기 위해 얼마나 열심히 노력하는지 상상해 보라. 바로 그렇게 하나님의 말씀에 대한 지식을 구해야 한다.

욥기 28장에서 욥은 채굴에 대해 자세히 이야기하며 이를 말씀에 적용한다. 1절과 2절에서 이렇게 말한다. "은이 나는 곳이 있고 금을 제련하는 곳이 있으며 철은 흙에서 캐내고 동은 돌에서 녹여 얻느니라."

그리고 이어서 3절에서는 사람들은 이를 캐내기 위해 어떤 노력도 서슴지 않는다고 말한다. "사람은 어둠을 뚫고 모든 것을 끝까지 탐지하여 어둠과 죽음의 그늘에 있는 광석도 탐지하되." 사람들은 두더지처럼 칠흑같이 어두운 땅속에 굴을 파고, 굉장히 위험한 상황에 자신을 노출시키더라도, 자신들이 찾는 것을 얻기 위해 무엇이든지 한다. "그는 사람이 사는 곳에서 멀리 떠나 갱도를 깊이 뚫고 발길이 닿지 않는 곳 사람이 없는 곳에 매달려 흔들리느니라"(4절). 이 구절은 땅을 파고 갱도를 뚫음으로써 땅의 환경이 바뀌었다는 뜻이다. 사람들은 "산을 뿌리까지 뒤엎으며"(9절), 새들도 알지 못하는 길을 걸어간다(7절). "용맹스러운 짐승도 밟지 못하였고 사나운 사자도 그리로 지나가지 못하였느니라"(8절)라고 되어 있는 그러한 반석에 사람들은 수로를 트고 누수를 막았다(10~11절). 귀한 금속을 얻기 위해 사람들은 위험을 감수하면서도 이렇게 땅을 파헤치는 것이다.

현대 사회에서 우리는 땅을 파고 사냥하며, 손가락과 팔, 목, 귀에 붙일 금과 은을 사기 위해 극한의 땅에 가기도 한다. 이에 따른 비용을 생각해 보라. 우리는 귀금속을 얻기 위해서라면 땅을 파고 무슨 일이든 한다. 아무리 기술이 진보하고, 온갖 귀금속을 갖고 호사를 누린다 해도 절대 소유하지 못할 단 한 가지가 바로 지혜다. 욥은 12절에서 이 점을 명확히 지적한다. "그러나 지혜는 어디서 얻으며 명철이 있는 곳은 어디인고." 그렇다면 우리는 어디에서 명철을 얻을 수 있을까?

"깊은 물이 이르기를 내 속에 있지 아니하다 하며 바다가 이르기를 나와 함께 있지 아니하다 하느니라 순금으로도 바꿀 수 없고 은을 달아도 그 값을 당하지 못하리니 오빌의 금이나 귀한 청옥수나 남보석으로도 그 값을 당하지 못하겠고 황금이나 수정이라도 비교할 수 없고 정금 장식품으로도 바꿀 수 없으며 진주와 벽옥으로도 비길 수 없나니 지혜의 값은 산호보다 귀하구나"(14~18절). 욥은 인간 세상의 경제 기준으로는 지혜를 살 수 없다고 말한다. 인간은 어리석게도 귀금속을 찾는 데 힘을 쏟지만 정작 진리를 찾는 데는 노력을 기울이지 않는다는 뜻이다. 하나님은 우리에게 땅에서 귀금속을 찾는 만큼의 열심으로 하나님의 말씀을 통한 지혜를 구하라고 말씀하신다.

말씀을 귀하게 여기라(욥23:12)

주님의 말씀을 갈망하는가? 주님의 말씀을 구하는 일에 강렬한 열정이 있는가? 욥기 23장 12절은 이를 보여 주는 구절이다. "내가 그의 입술의 명령을 어기지 아니하고 정한 음식보다 그의 입의 말씀을 귀히 여겼도다." 음식이나 성경 공부 중 하나를 선택해야 한다면 주님의 말씀이요, 음식을 먹는 것과 하나님 말씀을 먹는 것 중 선택해야 한다면 주님의 말씀이다. 내게는 무엇보다 주님의 말씀이 귀하기 때문이다.

다윗이 "내가 주의 법을 어찌 그리 사랑하는지요"(시119:97)라고 말했을 때 그는 이런 갈급함을 느끼고 있었음에 틀림없다. 그는 진리가 "꿀과 송이꿀보다 더 달도다"(시19:10)라고 말하기도 했다. 우리도 이처럼 주님의 말씀을 간절히 원해야 한다.

만약 그러한 갈망이 없다면? 그러면 어떻게 얻어야 할까? 설사 갈망하는 마음이 없다 생각되더라도 이러한 조건은 갖춰질 수 있다. 거듭나기, 이것이 첫 번째 조건이다. 거듭남으로 성실해지기, 이것이 두 번째 조건이다. 거듭남으로 성실해지고 갈망하는 마음을 가지는 것, 이것이 세 번째 조건이다.

하지만 그 외에 다른 조건도 있다. 당신에게 갈망하는 마음이 약하다면 다른 바람으로 강화하면 된다. 그러면 성경을 공부하는 데 필요한 네 번째 조건은 무엇일까?

네 번째 조건: 거룩해야 한다

하나님의 말씀을 공부하기 위해서는 거룩함이 있어야 한다. 과연 어떻게 거룩해질 수 있을까? 베드로와 야고보의 말을 통해 거룩함을 정의해 보자.

베드로전서 2장 1절

"그러므로 모든 악독과 모든 기만과 외식과 시기와 모든 비방하는 말을 버리고." 다시 말해 행동을 정결히 하고, 거룩함을 유지하며, 의롭게 행하며, 삶을 깨끗하게 해야 한다. 그리고 "갓난 아기들 같이 순전하고 신령한 젖을 사모"하면 "구원에 이르도록 자라게" 하신다(2절). 만일 갈망하는 마음이 생기지 않는다면 1절로 돌아가라. 이 모든 것을 행해야 한다는 내 말뜻을 이해하겠는가? 당신이 거듭남으로 거룩하고 의로워지면(죄를 고백하고 그것으로부터 벗어나면), 거듭난 현실과 삶의 거룩함으로부터 성경을 성실히 공부하고자 하는 갈망이 자라날 것이다.

야고보서 1장 21절

21절은 이렇게 마무리된다. "마음에 심어진 말씀을 온유함으로 받으라." 겸손하게 자신을 낮추고 말씀을 받아들이라는 뜻이다. "그러므로 모든 더러운 것과 넘치는 악을 내버리고 너희 영혼을 능히 구원할 바 마음에 심어진 말씀을 온유함으로 받으라"라는 21절 전체 말씀대로, 행하지 않으면 좋은 생각을 받아들일 수 없다. 말씀을 듣는 것만으로는 죄에서 벗어날 수 없다. 말씀은 개념에 그치는 것이 아니라 현실에 생생하게 녹아들어야 하기 때문이다. 말씀은 단순한 생각이 아닌 실제 삶 그 자체다.

하나님은 우리에게 무엇을 말씀하시는가? 성경을 공부할 수 있는 사람은 누구일까? 거듭나고, 성실하고, 성경을 갈망하며, 거룩하고 의로워지려는 강렬한 바람이 있는 사람이다.

다섯 번째 조건: 영을 따라야 한다

하나님의 말씀을 제대로 공부하기 위해선 영에 따라 살아야 한다. 단지 손에 성경을 들고 다니는 것이 아니라, 그것을 공부하여 내 안에 계신 하나님을 알아가는 것은 얼마나 멋진 일인가. 성경의 저자이자 이를 가르치는 교사는 바로 하나님의 영이다.

요한일서 2장 20절은 이렇게 말한다. "너희는 거룩하신 자에게서 기름 부음을 받고 모든 것을 아느니라." 이 구절이 납득되지 않을 수도 있다. 맥락을 살펴보자. 요한은 앞의 구절에서 거짓 교사, 적그리스도에 대해 말한다. 자신들이 모든 것을 알고 있다고 생각하는 영지주의자(Gnostics, 헬라어로 '안다'는 뜻의 'gnosis'에서 나온 단어)들은 "우리는 기름 부음을 받았으니 모든 걸 안다"라고 말한다. 그들은 자신들이 특별한 기름 부음을 받아 다른 이들보다 우월하다고 생각했다. 하지만 요한은 그리스도인들에게 이렇게 말한 것이다. "너희는 기름 부음을 받은 사람들이다. 그것도 미심쩍은 영지주의의 기름 부음이 아니라, 거룩하신 분께 받았다. 그러니 너희는 모든 것을 알게 되었다."

27절에서 그는 이와 같은 생각을 더욱 확장시킨다. "너희는 주께 받은 바 기름 부음이 너희 안에 거하나니." 기름 부음은 우리 안에서 무엇으로 거하는가? 바로 하나님의 영이다. 우리 안에 거하시는 하나님의 영이 우리를 가르치시므로, 우리는 인간의 가르침이 필요 없는 것이다. 요한은 우리에게 사람의 지혜를 가르칠 교사는 필요 없다고 말했다. 우리가 하나님의 영으로부터 기름 부음을 받았기 때문이다.

이제 당신은 우리가 왜 거듭나고, 성실하고, 갈망하며, 거룩한 삶을 살고, 영을 따라야 하는지 분명히 이해될 것이다. 우리에게 말씀을 가르치고 그것을 삶에 적용하게 하는 이는 바로 하나님의 영이시기 때문이다. 이제 성경을 공부할 수 있는 사람이 되기 위한 마지막 조건이 하나 남았다.

여섯 번째 조건: 늘 기도해야 한다

앞의 조건들 모두 기도하는 마음으로 접근해야 한다. 앞의 다섯 가지 조건으로 원을 만든 뒤 그 원을 기도로 에워쌀 수도 있다. 나는 성경 공부는 기도로 시작해야 한다고 믿는다. 그래서 성경을 공부할 때면 이렇게 간단한 기도부터 올린다. "주님, 제가 당신의 말씀에 다가가오니 주님의 진리를 보여 주시고 제가 알아야 하는 것을 가르쳐 주시옵소서." 나는 지금껏 한 번도 하나님께 기도를 드리지 않고 성경을 펼친 적이 없다.

에베소서 1장 16~18절에서 바울은 이렇게 말한다. "내가 기도할 때에 기억하며 너희로 말미암아 감사하기를 그치지 아니하고 우리 주 예수 그리스도의 하나님, 영광의 아버지께서 지혜와 계시의 영을 너희에게 주사 하나님을 알게 하시고 너희 마음의 눈을 밝히사." 바울은 우리를 위해 기도한다고 했다. 그러면 우리의 무엇을 위해 기도하는가? 우리가 '알게 되고, 눈이 밝아지고, 이해하게 되고, 진리를 알게 되는 것'이다. 바울이 우리가 하나님의 말씀을 이해할 수 있도록 기도했으니 우리도 그처럼 기도해야 한다.

과연 누가 성경을 공부할 수 있는가? 당신은 성경을 공부하기에 딱 맞는 사람이거나, 혹은 이와는 전혀 어울리지 않는 사람일 수 있다. 당신은 거듭났는가? 성실한가? 마음속에 갈망이 있는가? 거룩한가? 영을 따르는가? 기도를 열심히 하는가? 그렇다면 성경을 펼쳐도 좋다. 그러면 하나님께서 당신의 마음에 진리를 드러내실 것이다. 당신의 삶이 의로울 때, 성경 공부를 통해 결실을 맺고 삶이 바뀌게 될 것이다.

🏛 정리하기

1. 강대상에 서는 목회자의 목적은 무엇인가?

2. 디모데가 선교 여정에서 직면한 문제는 무엇이었나? 바울은 그에게 어떻게 하라고 격려했는가? (딤후2:2)

3. 한 나라가 하나님의 말씀을 듣지 않는다면 어떤 일이 벌어지는가? (호4:1~2)

4. 마음의 바탕에 하나님의 말씀을 새기지 않은 사람의 기반은 어떠한 셈인가?

5. 그리스도인은 타락한 이 세상에서 어떻게 우뚝 일어설 수 있을까? (롬12:2)

6. 잠언 1장부터 31장까지의 전체 말씀을 통해 무엇을 경고하고 있는가?

7. 지혜라는 개념에 대한 헬라인들과 히브리인들의 인식 차이를 설명하라. 성경은 어떤 개념을 따르는가?

8. 우리가 하나님을 진실로 예배할 수 있는 유일한 방법은 무엇인가? (요4:24) 그것은 어떻게 드러나는가?

9. 시편 119편에서 말하는 주제는 무엇인가?

10. 역대하 34:31에서 요시야가 하나님 앞에 맺은 언약은 무엇인가?

11. 성경을 이해할 수 있는 유일한 사람은 누구인가? 어째서 그 밖의 다른 사람은 이해할 수 없는가? (고전2:9~14)

12. 하나님의 영이 거하지 않는 사람은 어찌하여 죽은 사람과 같은가?

13. 예수님께서 바리새인들에게 진리를 말씀하셨을 때 그들은 어떻게 반응하였나? (요8:45)

14. 영적으로 눈뜨지 못한 보통 사람이 하나님의 진리를 알게 되는 유일한 방법은 무엇인가?

15. 베뢰아의 사람들이 데살로니가의 사람들보다 너그럽고 말씀에 대해 간절한 마음을 가졌던 이유는 무엇인가? (행17:10~11)

16. 베뢰아인들은 성경을 상고했다(행17:11). 이것은 어떤 의미인가?

17. 성경 공부를 성실하게 해야 하는 이유는 무엇인가? (딤후2:15)

18. 성경 공부를 얼마나 열심히 해야 하는가? (딤전5:17)

19. 그리스도인이라면 하나님의 말씀을 갈구하기를 무엇처럼 해야 하는가? (벧전2:2)

20. 잠언 2장 4절에서는 우리가 어떻게 이해와 지식을 구해야 한다고 말하는가?

21. 성경을 공부하려면 거룩해져야 하는데, 어떻게 하면 거룩해질 수 있을까? 하나님의 말씀을 갈망하는 마음은 어떤 식으로 도움이 될까? (벧전2:1~2)

22. 우리가 성경을 공부할 때 우리를 가르치는 이는 누구인가? (요일2:20, 27)

23. 믿는 자로서 성경 공부를 시작하기에 앞서 가장 먼저 해야 하는 일은 무엇인가? (엡1:16~18)

1. 히브리인들은 지혜는 행함으로 나타난다고 보았고, 헬라
   인들은 지혜를 이성적인 지식으로 인식했다. 영적 진리를
   배울 때의 바람직한 태도는 히브리인과 헬라인 중 어느 쪽
   인가? 당신은 배운 진리를 행동에 옮기는가, 아니면 생활
   에 적용하지 않고 좋은 가르침으로써 인식하는 데 그치는
   가? 나에게 친숙하지만 아직 실행에 옮기지 못한 영적 진
   리는 무엇인가?
   정직하게 생각하고 그 목록을 만들어 보라. 그리고 이를
   어떻게 행동으로 옮길지 서로 이야기를 나눠 보라. 일단
   성경 공부를 시작했으면 그 말씀이 삶의 일부가 될 때까
   지 그 말씀을 충성되게 행하는 데 전념하라.

2. 역대하 34장 31절에서 요시야는 "여호와 앞에서 언약을
   세우되 마음을 다하고 목숨을 다하여 여호와를 순종하고
   그의 계명과 법도와 율례를 지켜 이 책에 기록된 언약의
   말씀을 이루리라"라고 언약한다.

당신은 하나님께 이와 같은 언약을 맺을 마음가짐이 되어 있는가? 먼저 역대하 34장 31절을 외우는 것으로 언약 맺기를 시작하라.

3. 솔직히 많은 그리스도인들이 하나님의 말씀을 공부하겠다는 갈망을 갖는 것을 어려워한다. 하지만 그 갈망을 키워 줄 유일한 방법이 있다. 바로 거룩함을 사모하는 것이다. 다음의 성경 구절에서 거룩함을 어떻게 가르치는지 적어 보라.

고린도후서 7:1
에베소서 4:21~24
디모데후서 2:21~22
베드로전서 1:14~16
베드로후서 1:5~8

베드로후서 1장 5절에 따르면, 당신은 덕(선행)에 무엇을 더해야 하는가? 그것을 얻을 수 있는 유일한 방법은 무엇인가? 하지만 제일 먼저 당신은 무엇에 덕을 더해야 하는가? 당신이 전심을 다해 거룩해지고자 한다면, 하나님의 말씀을 공부하려는 당신의 갈망이 커질 것이다.

4. 기도는 성경 공부를 시작하기 전에 해야 할 가장 중요한 일이며, 동시에 마지막 절차이기도 하다. 지금 당장 이런 특별한 공부를 통해 당신을 가르쳐 주신 하나님께 감사 기도를 드리라. 그리고 하나님께서 가르쳐 주신 진리를 생활에 적용할 수 있도록 이끌어 주시기를 구하라.

이렇게 성경 공부할 준비를 갖춘 뒤, 하나님께서 당신의 영적 걸음에 적용할 진리를 가르쳐 주시길 구하라. 그리고 그분의 말씀이 당신의 삶에 보물이 되었음에 감사하라.

Chapter 4

어떻게
성경을
공부하는가?

how to stu

y the bible

CHAPTER 4

　지금까지 다룬 내용을 통해 성경의 위대함을 인식하고 성경을 공부한다는 것이 얼마나 대단한 특권인지 제대로 이해하는 계기가 되었기를 바라며, 또한 이번 기회를 통해 성경을 펼쳐 그 안에서 당신을 기다리고 있는 위대한 진리에 집중할 수 있기를 바란다.

　얼마 전에 성경을 그림으로 설명한 글을 읽었다. 성경은 귀한 동양의 석재로 지은 웅장한 궁전으로, 우아하고 장엄한 66개의 방으로 이루어져 있다. 방은 저마다 다르지만 완벽히 아름다우며, 전체적으로 비할 데 없이 위풍당당하고 장엄하고 숭고한 하나의 궁전으로 조화를 이루고 있다.

창세기라는 현관에 들어서면 하나님이 천지를 창조하신 위대한 역사의 기록이 소개된다. 그리고 이 현관은 역사책을 전시해 놓은 복도를 거쳐 법정(사사기)으로 이어진다. 복도의 전시장에는 전투 장면, 영웅적인 행위, 하나님의 용사들의 초상이 걸려 있다.

전시장을 지나면 철학자의 방(욥기)이 나오고 이곳을 지나면 음악의 방(시편)에 들어간다. 인간의 귀를 사로잡는 장엄한 하모니에 감동한 우리는 이 방에 조금 더 머무르게 된다. 그런 뒤 집무실(잠언)로 향한다. 집무실 한가운데에는 "공의는 나라를 영화롭게 하고 죄는 백성을 욕되게 하느니라"(잠14:34)라는 모토가 방 한가운데 세워져 있다.

집무실을 나서면 연구실(전도서)을 지나 온실(아가)로 들어간다. 최고의 과일과 꽃향기와 새들의 노랫소리가 우리를 반긴다. 그런 뒤 천문대에 이른다. 예언자는 고성능 망원경으로 "공의로운 해"(말4:2)가 떠오르기 전의 "광명한 새벽별"(계22:16)을 찾고 있다.

마당을 가로지르면 왕의 관중석(복음서)에 이른다. 여기에서는 예수님의 모습을 고스란히 그려 낸 초상화 네 점을 볼 수 있는데, 왕의 무한한 아름다움이 완벽히 드러나 있다. 다음으로는 성령의 작업실(사도행전)이고, 그 방을 지나면 통신실(사도들의 서신문)이 나온다. 그곳에서는 바울, 베드로, 야고보, 요한, 유다가 진리의 성령이 이끄시는 대로 각자의 책상에서 바삐 일하고 있다.

그리고 마지막으로 알현실(요한계시록)에 들어간다. 이 넓은 방에는 왕좌에 앉은 왕께 바치는 장엄한 경배와 찬양이 가득 차 우리를 황홀경에 빠지게 하고, 인접한 회랑과 재판정에는 최후의 심판의 엄숙한 순간과 만왕의 왕, 만유의 주께서 재림하시는 영광스러운 장면이 그려져 있다.

이처럼 성경은 창조부터 말세에 이르기까지 모든 시간을 아우르는 위대한 책이다! 그러니 성경을 부지런히 공부하는 것은 우리의 의무가 아니겠는가.

그렇다면 성경 공부는 어떻게 시작해야 할까? 이번 장에서는 당신의 일상생활 속에서 하나님의 말씀을 제대로 이해하는 데 필요한 네 가지 기본적인 방법을 살펴보자.

첫 번째 방법: 성경을 읽으라

성경 공부는 성경을 읽는 데서 시작된다. 이 부분을 간과하는 사람들이 많다. 성경을 부분적으로는 읽었겠지만 이는 제대로 읽었다고 하기 어렵고, 성경에 대한 책을 많이 읽었을 수도 있지만 실제로 성경을 읽은 것은 아니다. 성경을 읽는 것을 대체할 수 있는 것은 아무것도 없다. 우리는 성경을 통독하는 데 전념해야 한다. 바로 여기서 공부가 시작되기 때문이다. 따라서 1년에 한 번 정도는 성경을 통독하기를 권한다.

먼저 성경을 어떻게 읽어야 하는지 살펴보자.

구약성경

나는 그리스도인이라면 1년에 한 번은 구약성경을 통독해야 한다고 생각한다. 구약성경은 39권으로 이루어져 있고, 하루에 20분씩만 읽으면 1년간 충분히 읽어 낼 수 있다.

구약성경의 원본은 히브리어(일부는 아람어)로 쓰였다. 히브리어는 굉장히 단순한 언어다. 헬라어처럼 고차원적인 개념이 담기지 않은 언어라는 뜻이다. 다시 말해 이론적이고 개념적이거나 풍부한 추상적 의미를 담고 있는 철학적 언어가 아니라는 뜻이다. 히브리어는 굉장히 단순하고, 구체적인 언어다. 그래서 신학생 시절 나는 헬라어보다 히브리어 공부가 훨씬 쉽게 느껴졌다. 히브리어는 절대 복잡하지 않은 언어다.

구약성경을 통독해 보라. 대부분 연대순으로 되어 있어 어렵지 않게 이해할 수 있다. 성경을 읽으며 무슨 뜻인지 이해되지 않는 구절은 여백에 별도로 표시해 두기를 권한다. 그렇게 해 두면 나중에 신기한 상황을 맞이하게 된다. 시간이 흘러 표시해 둔 부분을 다시 살펴보면, 그때 품었던 의문이 어느새 해소되어 있음을 깨닫게 되는 것이다. 구약성경을 창세기부터 말라기까지 읽고 또 읽었기 때문이다.

성경을 읽었음에도 답을 찾지 못했다면 해설서나 주석서 등 다른 자료를 통해 추가적으로 공부해도 좋다. 하지만 무엇보다 성경을 읽는 것부터 시작해야 한다. 미리부터 위축되어 '내가 어떻게 모든 구절의 의미를 이해할 수 있겠어?'라고 생각하지 말라. 적어도 1년에 한 번은 구약성경을 통독해 보자.

신학생 시절, 나의 스승이자 구약성경에 정통한 훌륭한 목회자인 찰스 파인버그(Charles Feinberg) 박사는 종종 학생들을 당황하게 하곤 했다. 그래서 학생 중 하나가 이따금 그를 골탕 먹이려는 질문을 던졌다.

"교수님, 열왕기상 7장 34절은 무슨 의미입니까?"

그러면 그는 히브리어로 그 구절을 나지막이 웅얼거리고는 번역해서 우리에게 설명해 주었다.

어느 날 그분이 내게 말했다.

"나는 뒤처지지 않기 위해 하루에 책 한 권은 읽으려 한다네."

내가 물었다.

"어떤 종류의 책을 읽으시나요?"

"아무 책이나 다 읽는다네. 예술, 역사, 전기든 뭐든 말일세. 하루 한 권의 독서로 난 깨어 있을 수 있는 거지."

그래서 나는 또 물었다.

"하루에 책 한 권을 읽고 히브리어 연구도 하고 글도 쓰고 학생들도 가르치시는데, 성경 읽을 시간이 있으십니까?"

"당연히 있지. 몇 년 째인지는 모르겠지만, 난 1년에 네 번씩 성경을 통독한다네."

그가 대답했다.

바로 여기서 모든 게 시작된다. 성경 읽기를 대체할 수 있는 것은 아무것도 없다.

신약성경

나는 신약성경을 읽는 방식에 대해서는 조금 다른 생각을 갖고 있지만, 어쨌거나 우리의 주목적은 신약성경을 읽는 것이다. 그리고 그것이 성경이 쓰인 기본 취지라고 믿는다.

골로새서 1장 25~26절에서 바울은 말한다. "내가 교회의 일꾼 된 것은 하나님이 너희를 위하여 내게 주신 직분을 따라 하나님의 말씀을 이루려 함이니라 이 비밀은 만세와 만대로부터 감추어졌던 것인데 이제는 그의 성도들에게 나타났고." 다시 말해 "나는 감추어진 비밀을 풀도록 하나님께 부름을 받았다"라고 말한 것이다.

여기서 비밀이란 기본적으로 신약의 계시다. 바울은 에베소서 3장 3~5절에 걸쳐 자신이 '비밀'을 깨달은 사도라고 밝힌다. 그의 주된 사명은 새로운 계시를 알리는 것이다. 그는 예증하고 설명하고 신약을 보충하는 범위 내에서 구약성경을 언급한다.

신약성경의 메시지는 종말의 계시다. 구약성경에 등장하는 모든 계시를 구현하고 아우른다. 신약성경은 독자들을 계시의 충만함 속으로 이끌기도 하지만, 어떤 의미에서는 독자들을 위해 구약성경의 내용을 요약해 놓은 것이기도 하다. 그래서 신약성경을 읽을 때 더 많은 시간을 투자해야 한다. 신약성경은 구약성경을 설명하고 있으며, 히브리어보다 훨씬 복잡하고 이해하기 어려운 헬라어로 쓰여 있고, 추상적인 개념을 다루고 있기 때문이기도 하다. 그렇기 때문에 우리는 신약성경 공부에 더 힘을 쏟아야 하는 것이다.

내가 신약성경을 공부한 조금 특별한 방법은 다음과 같다. 신학생 시절 나는 30일 동안 매일 요한일서를 읽었다. 당신도 이 방법은 따라할 수 있을 것이다. 첫날 요한일서를 통독한다. 25~30분 정도밖에 걸리지 않는다. 첫날 통독한 뒤, 둘째 날에도 다시 통독하고, 셋째 날, 넷째 날, 다섯째 날도 통독한다. 그저 앉아서 읽는 것이다. 이제 일곱째 날이나 여덟째 날이 되면 이런 생각이 든다. '점점 지루해지네. 이 부분은 읽을 만큼 읽었어.' 바로 이 시기가 고비다. 이 시기를 지나야만 30일을 버티고

요한일서의 깊은 뜻을 이해하게 된다.

사실 나는 언제나 이런 식으로 성경을 읽는다. 설교를 준비할 때도 내 마음속에 성경의 전체적인 개념이 그려질 때까지 성경의 66권 중 한 권을 읽고 또 읽는다. 이때 7×12센티미터 사이즈의 카드를 준비해서 각 장의 주제를 적어 보기를 권한다. 그리고 매일 해당 책을 읽을 때마다 그 카드에 적힌 각 장의 주제를 보라. 그러면 이 장에서는 무엇을 가르치려는지 금세 이해하게 된다.

30일 동안 요한일서 읽기를 끝냈으면 다음에는 무엇을 읽어야 할까? 신약성경에서 가장 긴 책을 시작하기를 권한다(이때도 마찬가지로 매일 20분 동안 구약성경을 계속해서 읽고 있어야 한다!). 그러니까 요한일서 다음으로는 요한복음을 읽어야 한다는 뜻이다. "요한복음은 21장이나 된다고요!" 이렇게 비명을 지를 법도 하다. 그러니 3분의 1씩 나눠서 읽어 보자. 한 달 동안은 7장, 다음 달에는 14장까지, 세 번째 달에는 마지막 장까지 매일 통독하는 것이다. 그렇게 해서 90일이 지나면 요한복음의 전체적인 내용을 숙지하게 된다. 그런 후에 카드에 적어 놓은 내용을 다시 읽어 보라. 처음 3분의 1, 다음 3분의 1, 그리고 나머지의 순서로 읽으며 각 장의 주제를 떠올려 보는 것이다. 이런 방법으로 성경을 공부하면 어떤 효과가 있을까?

여기에는 엄청난 장점이 있다. 이런 방법으로 성경을 읽으면서 나는 놀라울 정도로 빠르게 신약성경의 주요 내용들을 습득하게 되었다. 나는 콘코던스(신·구약성경에 기록되어 있는 여러 개념 및 어구가 어디에 있는가를 찾아내기 위해 만든 일종의 색인서—옮긴이) 없이는 성경에서 아무것도 찾지 못하는 '콘코던스 의존자'가 되지 않으려 애써 왔다. 그 덕분에 지금까지 요한복음과 요한일서, 그리고 나머지 다른 신약성경들이 내 머릿속에 착실히 쌓여 있다.

어떻게 이런 일이 가능했을까? 공부 방법 덕분이다. 이사야는 우리가 "경계에 경계를 더하며 교훈에 교훈을 더하되 여기서도 조금, 저기서도 조금" 한다고 말한다(사28:10, 13). 시험공부를 할 때 교과서를 한 번 죽 훑어보고는 "다 알았어!"라고 하진 않는다(적어도 보통 사람이라면 말이다). 반복해서 보고 또 본다. 성경 공부 역시 마찬가지다.

요한복음을 읽은 뒤에는 또 다른 짧은 책인 빌립보서를 읽고, 마태복음, 골로새서, 사도행전의 순으로 읽어 보자. 짧은 책과 긴 책을 번갈아 읽으며 앞뒤로 왔다갔다 하는 것이다. '그러면 시간이 너무 오래 걸리잖아요!'라고 불평할 수도 있다. 하지만 그렇지 않다. 대략 2년 반이면 신약성경 전권 읽기가 끝난다. 어쨌거나 당신은 성경을 매일 읽을 것이고, 그렇게 읽어 가다 보면 기억하게 된다.

"전 정말 열심히 성경을 읽었습니다. 매일 한 구절씩 꼬박꼬박 읽었지요"라고 말하는 사람들이 있다. 좋다. 그러면 물어보자. "어떤 내용이었습니까?" 그러면 대답한다. "음, 글쎄요, 생각해 볼게요…." 거기에서 나아가 "사흘 전에는 뭘 읽었습니까?"라고 물으면 아예 대답하지 못한다. 빨리 읽고 나서 그 내용을 기억하기란 정말 어렵다. 그저 반복해서 읽고 또 읽어야 한다. 성경이 살아 있는 말씀이라고 믿는다면, 그것을 반복적으로 읽음으로써 삶 속에 충분히 녹아들도록 해야 한다.

항상 같은 번역본을 읽어야 하느냐고 묻는 이들이 많다. 이런 질문을 받으면 대부분의 경우는 그렇게 하라고 답한다. 같은 번역본을 반복적으로 읽으면 내용에 익숙해질 것이다. 하지만 의미를 깊이 탐구하기 위해 가끔은 다른 번역본과 비교해 보는 것도 바람직하다. 나는 평소에는 NASB(New American Standard

Bible)를 읽지만(오랫동안 킹제임스 성경 버전으로 읽었다), 나 자신의 신앙 공부를 위해서는 언제나 뉴킹제임스 성경이나 ESV(English Standard Version) 성경을 사용한다. 이 두 버전을 비교해 보면 성경 공부에 도움이 된다고 생각한다.

성경을 읽는다면 이 질문에 답해 보라. '성경은 무엇을 말하는가?' 성경을 읽는 목적은 성경이 무엇을 말하는지 정확히 찾아내기 위해서다. 당신이 성경을 반복해서 읽기 시작하면 어떤 흥미로운 일이 일어나는지 아는가? 성경에 대한 전체적인 이해도가 놀라우리만치 커짐을 깨닫게 될 것이다. 성경이 성경을 설명하기 때문이다.

성경의 한 부분이 다른 부분을 어떻게 설명하는지 궁금하다면《맥아더 성경 주석 The MacArthur Study Bible》을 읽어 보길 권한다. 이 책은 성경 전권을 아우르며 주요 구절의 의미를 이해하는 데 도움이 되도록 주석과 보조 자료를 수록해 놓았다.

이렇게 성경 읽기를 시작하면 새롭게 이해하는 부분이 생겨나 지금껏 느꼈던 수많은 공백이 메워질 것이다. 하나님은 당신을 당황시키기 위해 성경을 쓰신 것이 아니다. 성경은 진리가 숨겨져 있는 비밀의 책이 아니다. 그러니 당신은 하나님의 말씀을 충분히 발견해 낼 수 있다.

한편으로 이렇게 말하는 이들도 있다. "무엇을 해도 상관없지만, 요한계시록만은 읽지 말라. 굉장히 혼란스러워진다." 하지만 요한계시록은 이렇게 말한다. "이 예언의 말씀을 읽는 자와 듣는 자와 그 가운데에 기록한 것을 지키는 자는 복이 있나니"(계1:3a). 요한계시록은 그렇게 어렵지 않다. 다만 다니엘, 이사야, 에스겔을 먼저 읽지 않으면 요한계시록을 제대로 이해하기 어려울 것이다. 일단 성경 전권을 읽으면 모두가 한데 합쳐지기 시작한다. 그때 당신의 삶에서 일어나는 변화는 경이로울 정도다.

결국, 성경을 읽기 위한 첫 번째 기본 조건은 '성경 읽기'다.

• • •
두 번째 방법: 성경을 해석하라

성경을 해석하지 않고 그대로 따르기만 하는 이들이 있다. 이런 사람들은 성경을 읽으면 그 의미를 이해하지 않은 채 그대로 생활에 적용한다. 성경 말씀의 실제 의미를 알아내려 애쓰지 않는다.

첫 번째 조건은 성경을 읽는 것이었다. 그러면 '성경은 무엇을 말하는가?'라는 질문에 답할 수 있다. 두 번째 조건인 성경 해석하기는 다음 질문에 답이 된다. '성경의 말씀은 어떤 의미인가?' 우리는 성경을 해석해야 한다. 아스피린 삼키듯 성경을 꿀떡 삼킬 수는 없다. 알약이 아니지 않은가. "음, 전 성경 읽기에 전념했습니다. 읽고 또 읽으니 어떤 의미인지 확신할 수 있게 되었습니다." 이렇게 말하는 사람이 되어서는 안 된다. 당신은 성경의 의미를 '알아내야' 한다.

느헤미야 8장 1~3절에는 흥미로운 구절이 나온다. "이스라엘 자손이 자기들의 성읍에 거주하였더니 일곱째 달에 이르러 모든 백성이 일제히 수문 앞 광장에 모여 학사 에스라에게 여호와께서 이스라엘에게 명령하신 모세의 율법책을 가져오기를 청하매 일곱째 달 초하루에 제사장 에스라가 율법책을 가지고 회중 앞 곧 남자나 여자나 알아들을 만한 모든 사람 앞에 이르러 수문 앞 광장에서 새벽부터 정오까지 남자나 여자나 알아들을 만한 모든 사람 앞에서 읽으매." 바로 여기서 모든 것이 시작

된다. 성경을 읽는 것이다.

그리고 이어서 이렇게 말한다. "뭇 백성이 그 율법책에 귀를 기울였는데." 그리고 5~6절에서는 이렇게 말한다. "에스라가 모든 백성 위에 서서 그들 목전에 책을 펴니 책을 펼 때에 모든 백성이 일어서니라 에스라가 위대하신 하나님 여호와를 송축하매 모든 백성이 손을 들고 아멘 아멘 하고 응답하고 몸을 굽혀 얼굴을 땅에 대고 여호와께 경배하니라."

사람들은 주님께 경배함으로써 성경을 제대로 읽었음을 보여 주었다. 8절에 그 핵심이 있다. "하나님의 율법책을 낭독하고 그 뜻을 해석하여 백성에게 그 낭독하는 것을 다 깨닫게 하니." 무엇을 말하는지 이해하겠는가? 이것이 바로 우리가 성경을 읽을 뿐 아니라 그 말씀에 담긴 의미를 구해야 하는 이유다.

1978년 나는 국제성경무오협회(International Council on Biblical Inerrancy)에 참석할 기회가 있었다. 미국 전역에서 250여 명의 학자들이 시카고에 모였다. 잠언 30장에서 말하듯 성경의 모든 말씀이 순전함을 전 세계에 재천명하고, 성경은 하나님의 절대적인 진리이며 그 말씀에는 오류가 없음을 선언하기 위함이었다. 그들은 나흘에 걸쳐 성명서를 만들어 냈는데, 그 내용이 어찌나 수준 높고 심오한지 당시 나로서는 제대로 이해조차 하기 어려울 정도였다. 굉장히 깊이 있는 내용이라서, 우리는 저명한 신학 논문과 노트를 한 무더기 챙겨 다녀야 했다.

학술대회 끝무렵에 나는 "무오성은 교회의 목회자들과 어떤 관련이 있는가?"라는 제목으로 세미나에서 강연을 했다. 나는 이 질문에 대한 의견을 밝혔다. "이 자리에 참석한 모두가 하나같이 입을 모아 성경의 모든 구절이 얼마나 중요한지 강조하면서, 어느 누구도 말씀 강해를 하지는 않는군요. 다시 말해, 말씀을 가르치고 그 의미에 대해 배우기를 애쓰지 않으면서, 어째서 말씀을 위해 싸우고 있습니까?"

단지 "모든 말씀이 진리임을 믿습니다"라고 말하며 45개의 구절에서 딱 한 단어를 뽑아 그 단어에 대해 설교하는 것으로는 충분하지 않다. 성경의 무오성에 헌신하는 유일하고 궁극적인 목표는 하나님께서 주신 성경 전체를 이해하고 설명하는 것이다.

그러니 우리는 이렇게 물어야 한다. '말씀을 통해 성경이 의미하는 것은 무엇인가?'

여러 면으로 이 질문에 대한 답이 그레이스커뮤니티교회(저자 존 맥아더 목사가 담임하고 있는 교회─옮긴이)가 성장하게 된 열쇠였다고 생각한다. 우리는 그저 오랜 시간 암흑 속에 있었던 사람들에게 성경을 이해하는 문을 조금 열어 주었을 뿐이다. 성경의 문을 여는 것은 그리 힘들지 않다. 하나님께서는 우리가 이해할 수 있게 말씀하셨고 우리의 교사가 되어 줄 성령님을 주셨기 때문이다.

디모데전서 4장 13절에서 바울은 디모데에게 어떻게 설교해야 하는지 말한다. "내가 이를 때까지 읽는 것과 권하는 것과 가르치는 것에 전념하라." 이 말의 뜻을 알겠는가? 바울은 디모데에게 말씀을 읽고, 이를 설명하고(가르침), 생활에 적용하게 하라고(권함) 말하는 것이다. 그저 읽고 바로 생활에 적용하는 것이 아니라, 읽은 뒤 이를 설명하고 적용해야 한다. 이것이 바로 "진리의 말씀을 옳게 분별"(딤후2:15)하는 것이다. 그렇지 않으면 잘못 해석할 수도 있고, 이렇게 잘못된 해석은 곧 모든 문제의 원인이 된다.

오늘날, 잘못된 해석에 근거해 성경을 가르치는 예를 들어 보

자. 먼저 선조들이 일부다처제를 행했으니 우리도 그렇게 해도 된다고 가르치는 이들이 있다. 혹은 구약성경에서 이스라엘의 왕에게 하나님께서 절대 권력을 부여하셨음을 인정하였으니, 모든 왕들이 절대 권력을 가진다거나, 구약에서 마녀에게 사형 집행하는 것을 용인하였으니 마녀를 죽여야 한다는 식으로 해석하기도 한다. 또는 일부 구약성경에서 전염병은 하나님의 계획이라고 말했으므로 주님의 뜻을 거역하지 않도록 위생적으로 살아서는 안 된다고 하기도 한다. 또한 구약성경에서 여성들이 출산으로 겪는 산통은 하나님이 내리신 벌이니, 고통을 경감시키기 위한 어떤 조치도 해서는 안 된다고 주장하는 사례도 있다. 이상의 잘못된 해석의 예는 성경이 실제로 말하는 뜻과 그 구절이 쓰인 상황을 이해하지 못한 데서 비롯된 것이다.

성경의 모든 내용을 이해하기 어렵다는 점은 나도 충분히 이해한다. 예전에 만났던 어떤 성경 교사의 말이 떠오른다. "나는 성경의 뜻을 이해하는 데 진절머리가 나서 모든 것을 곧이곧대로 받아들이기로 결정했습니다. 세대주의 노선을 택하기도, 수정 세대주의 노선을 걸어 보기도, 언약신학 노선을 시도해 보기도 했죠. 그러다 결국 모든 것을 곧이곧대로 따르기로 결심했습니다."

그래서 나는 이렇게 물었다. "그러면 당신은 언제 마지막으로 어린 양을 제물로 바쳤습니까? 그리고 당신의 아내는 유대교식 식사를 준비하기 전에 부엌의 모든 냄비들을 의식에 따라 정화합니까?" 성경의 모든 말씀을 곧이곧대로 적용할 수는 없다. 적절히 해석해야 한다.

그러면 어떻게 제대로 해석할 수 있을까? 당신이 이해해야 하는 몇 가지 주의사항은 다음과 같다.

해석의 오류

성경을 정확히 해석하기 위해서는 세 가지 실수를 조심해야 한다.

먼저, 정확한 해석을 무시한 채 주장을 펼치지 말아야 한다. 다시 말해, 자의적으로 성경을 해석해서는 안 된다.

이는 마치 마태복음 24장 17절 "지붕 위에 있는 자는 집 안에 물건을 가지러 내려가지 말며(Let him who is on the housetop not come down)"라는 말씀을 근거로 "여성들이 올림머리를 해서는 안 된다(Top knot come down)"라고 설교하는 것과 같다.

혹은 "난 이미 깨달음을 얻었어요. 그래서 이에 대한 구절을 찾기만 하면 됩니다"라고 주장하며 성경에 접근하는 이들도 있다. 이는 자신의 선입견을 뒷받침할 구절을 찾겠다는 접근 방식이다. 나도 설교할 때 그날 설교 내용에 알맞은 성경 구절을 찾아 마무리한다. 하지만 성경을 읽을 때는 그 구절의 맥락을 파악한 후 그 의미를 해석한다. 자신은 굉장하고 멋진 해석이라고 생각할 수도 있겠지만, 그저 성경을 쥐어짜서 자기가 듣고 싶은 말을 하게 했을 뿐인 셈이다.

이와 관련해 두 가지 예를 살펴보자. '서로 사랑하라'라는 주제로 설교하기로 마음먹은 랍비들이 있었다. 사람들이 서로 사랑하지 않기 때문에 사회적 문제가 생긴다고 생각한 그들은 성경에서 서로 사랑해야 함을 보여 주는 가장 적절한 예시는 바벨탑 이야기라고 말했다.

《탈무드》에서는 바벨탑 사건을 다음과 같이 해석하고 있다. 하나님께서 인간들을 흩으시고 언어를 다르게 하신 이유는 사람보다 물질을 우선시했기 때문이라는 것이다. 랍비들은 바벨탑이 높이 올라갈수록 위에서 탑을 쌓고 있는 벽돌공들에게 벽돌을 올려다 주는 데 시간이 점점 더 많이 걸리게 된다는 것에 주목했다. 그래서 벽돌공들은 벽돌을 나르는 사람이 탑에서 내려가다가 떨어지면 전혀 신경을 쓰지 않았지만 탑으로 올라오다가 떨어지면 불같이 화를 냈다고 했다. 또 한참 동안 벽돌을 기다려야 했기 때문이다. 그래서 이들이 사람보다 물질을 더 중요시했기 때문에 하나님이 인간과 언어를 흩으셨다고 말한다.

물론 물질보다 인간을 더 소중히 여겨야 하는 것은 맞지만, 성경의 바벨탑 이야기가 우리에게 주는 교훈은 그것이 아니다. 하나님이 인간과 그들의 언어를 흩어 놓으신 이유는, 사람들이 벽돌을 더 소중히 여겼기 때문이 아니라 그들이 우상을 숭배하기 위한 종교적인 시스템을 만들고 있었기 때문이었다.

또한 베드로후서 2장 20절을 인용하며 구원의 상실에 대해 설교하는 경우도 보았다. "만일 그들이 우리 주 되신 구주 예수 그리스도를 앎으로 세상의 더러움을 피한 후에 다시 그 중에 얽매이고 지면 그 나중 형편이 처음보다 더 심하리니." 이 구절을 인용하며 이렇게 설명한다. "당신은 더러움을 피해 도망칠 수 있고, 우리 주 되신 구주 예수 그리스도를 알 수도 있으며, 다시 타락해 얽매일 수도 있다. 그런데 다시 타락해 세상에 얽매이게 되면 그리스도를 믿기 전보다 오히려 더 상황이 나빠진다. 이렇게 한 번 얻은 구원을 잃어버릴 수도 있는 것이다."

하지만 이렇게 말하는 이들이 놓친 부분은 '그들'이라는 단어다. 베드로후서 2장 처음부터 등장하는 '그들'이라는 단어에 주의를 기울여 보면, 그들은 "물 없는 샘"과 "광풍에 밀려 가는 안개"(17절), "점과 흠"(13절)으로 말하고 있음을 알게 된다. 그리고 1절로 올라가 보면 여기서 '그들'이 가리키는 것은 마귀의 교리를 따르는 "거짓 선지자"들임을 알 수 있다. 이러한 맥락에서, 20절은 구원의 상실에 대해 말하는 구절로 인용할 수 없는 것이다.

바울은 말씀을 잘못 해석하는 이런 이들에 대해 언급하기도 했다. 고린도후서 2장 17절에서 그는 "우리는 수많은 사람들처럼 하나님의 말씀을 혼잡하게 하지 아니하고"라고 말한다. 여기서 '혼잡하게 하다'는 헬라어 '카펠로스(kapēlos)'라는 단어를 사용했는데, 원뜻은 시장에서 물건을 속여 파는 행위, 즉 말하는 것과 다른 물건을 팔거나 조작하는 행위를 말한다. 바울은 주님의 말씀을 조작하는 이들이 있다고 말한 것이다. 이런 이들은 자신의 생각에 끼워 맞추기 위해 주님의 말씀에 불순물을 섞는다.

따라서 성경이 당신의 설교나 생각을 입증하게 해서는 안 된다. 진짜 의미를 저버린 채 성경을 해석해서는 안 된다. 말씀하신 대로 말하라.

두 번째, 얄팍하고 가벼운 해석을 피해야 한다. 성경 말씀의 의미를 배우기 위해 성경을 공부할 때 피상적인 부분에 매달려서는 안 된다. "내 생각에 이 구절의 의미는 말이죠…"라거나 "이 구절은 당신에게 어떤 의미입니까?"라고 묻는 이들이 있다.

불행히도 무지한 이야기만 가득 찬 성경 연구서도, 그 구절에 대해 제대로 알지 못하는 내용을 논하는 이들도 많다. 말씀에 대해 제대로 알지 못한 채 무지한 이야기들만 나누는 성경 공부 모임이 많다. 나는 성경 공부에는 대찬성하는 사람이지만, 말씀의 진짜 의미를 알아내기 위한 공부가 반드시 선행되어야 한다. 삶에 적용하는 문제는 그다음이다. 디모데전서 5장 17절조차 말씀과 가르침에 수고하는 장로들에 대해 말하지 않는가. 말씀을 깊이 없이 얄팍하게 해석하지 않는 것은 그만큼 중요하다.

성경을 해석할 때 세 번째 주의 사항은 함부로 정신적인 의미로 해석해서는 안 된다는 것이다. 나의 첫 설교는 굉장히 끔찍했다. 마태복음 28장 2절 중 "주의 천사가 하늘로부터 내려와 돌을 굴려 내고"라는 구절을 말하며, "여러분 삶의 돌을 굴려 내십시오"라고 했다. 의심의 돌, 두려움의 돌, 분노의 돌을 굴려 내라는 뜻이었다. 하지만 그 구절이 의미하는 것은 그런 것이 아니었다. 말 그대로 진짜 돌을 가리켰다. 난 이 구절을 멋진 우화로 만들어 버린 것이다.

"암초에 걸릴까 하여 고물로 닻 넷을 내리고 날이 새기를 고대하니라"(행27:29)라는 구절에 대해 '닻'을 희망의 닻, 믿음의 닻으로 해석하는 설교를 들은 적 있다. 하지만 이 구절의 닻은 그 무엇의 닻이 아닌, 그저 금속으로 만든 실제 닻 그 자체를 의미한다. 나는 이런 식의 설교를 '리틀 보 핍(Little Bo-Peep, 영어 전래 동요의 하나─옮긴이) 설교'라고 부른다. 의미를 부여하기 위해서라면 말씀이 아닌 그 어떤 것도 가져다 쓸 수 있는데, 심지어 아이들이 흥얼거리는 동요의 가사도 갖다 붙일 수 있기 때문이다.

"꼬마 보핍이 양떼를 잃어버렸네." 영혼들이 길을 잃었다는 뜻이다(보다시피 성경이 필요 없다). "어디로 갔는지 알 수 없지만 곧 집으로 돌아올 거라네." 아, 그 영혼들은 무사히 돌아올 것이다. "꼬리를 흔들면서 돌아올 거라네." 다시 돌아온 죄인들에 대한 눈물 나는 이야기다.

이렇게 정신적인 의미로 해석하기란 굉장히 쉬워서 많은 사람들이 구약성경을 그런 식으로 받아들인다. 그들은 구약성경을 하나의 우화집으로 전락시켜 버리고 온갖 기상천외한 해석을 덧붙인다. 성경을 함부로 정신적인 의미로 해석하지 말라. 원래의 의미대로 수용하라.

해석의 출처

성경을 제대로 해석하기 위해서는 차이를 이해해야 하고, 그렇게 하기 위해서는 해석의 출처를 명확히 살펴보아야 한다.

성경은 오랫동안 전해 왔고 그 일부는 수천 년의 역사를 가진다. 우리는 어떻게 저자의 의도와 그들이 살던 복잡다단한 시대 환경을 이해해야 할까? 그러기 위해서는 네 가지 차이점을 이해해야 한다.

첫째, 언어의 차이를 이해해야 한다(성경은 히브리어와 헬라어, 그리고 일부는 히브리어와 비슷한 아람어로 쓰였다). 그렇지 않으면 성경을 제대로 이해하기 어렵다. 예를 들어 살펴보자. 고린도전서 4장 1절에서 사도 바울은 자신들을 "그리스도의 일꾼"으로 여기게 하라고 말한다. 킹제임스성경 버전에서 사용한 '일꾼(minister)'이라는 단어를 보면 국무총리나 국방장관 등이 떠오른다. 'minister'는 높은 지위를 가리키는 위엄 있는 단어다. 하지만 원어인 헬라어로는 '휘페레테스(hupēretēs)'라는 단어를 사용했고, 이는 갤리선에서 노를 젓던 노예를 의미한다. 바울은 자신을 가리켜 예수 그리스도의 최하급 노예에 불과하다고 말한 것이다. 영어로 번역된 단어로는 이런 부분을 알아내기 어렵다. 바로 언어의 차이 때문이다.

히브리서에서 또 다른 예를 찾아볼 수 있다. 히브리서에는 '완전함(perfection)'이라는 단어가 나오는데(예를 들어 6:2, 7:11), 이 단어가 영적 성숙이 아닌 구원과 관계된 의미라는 것을 모르면 히브리서를 이해하는 데 혼란스러워질 수 있다.

성경에서 사용된 단어와 원어의 의미를 공부하면 이러한 내용을 알게 될 것이다. 이런 작업은 굉장히 중요하다. 그래서 성경, 특히 신약의 말씀을 공부할 때 《Vine's Complete Expository Dictionary of Old and New Testament Words》(Thomas Nelson 출판, 1996. 1940년에 출간된 신약 단어만 해설해 놓은 구판은 www.tgm.org/bible에서 무료로 이용할 수 있다)을 함께 살펴보기를 강력히 권한다. 헬라어를 모르는 이들에게 굉장히 유용한 책이다. 성경의 모든 영어 단어를 찾으면 해당 헬라어의 의미를 확인할 수 있어서 성경을 공부하는 학생들에게 큰 도움을 줄 것이다. 아울러 성경 색인서인 콘코던스도 공부에 도움이 될 것이다.

두 번째는 문화적 차이다. 문화는 서로 굉장히 다를 수 있기 때문에 문화적 차이는 반드시 이해해야 할 부분이다. 성경이 쓰인 시대의 문화를 이해하지 못한다면 절대 그 의미를 이해할 수 없다.

일례로 요한복음 1장 1절을 살펴보자. "태초에 말씀이 계시니라 이 말씀이 하나님과 함께 계셨으니 이 말씀은 곧 하나님이시니라." 이 구절은 무슨 뜻일까? 요한은 어째서 "태초에 예수가 계시니라"라고 하지 않았을까? 이는 '말씀(the Word)'이라는 단어가 당시의 지역 방언이었기 때문이다. 헬라인들에게 '말씀'이라는 단어는 천상의, 그러니까 주위를 감도는 우주의 에너지를 가리킬 때 사용되었다. 요한은 헬라인들에게 이렇게 세상에 퍼져 있는 사상, 모든 것을 낳은 것, 공간의 에너지, 우주의 힘은 다름 아닌 육신이 된 말씀이라고(요1:14) 말하는 것이다.

유대인들에게 '말씀'이라는 단어는 언제나 하나님의 현현을 의미했다. '주님의 말씀'은 언제나 하나님의 성품이 발현된 것이기 때문이다. 그는 "말씀이 육신이 되어 우리 가운데 거하시매"라고 말함으로써 예수 그리스도는 하나님이 보내신 인간의 모습을 한 그리스도라고 증언하고 있다. 요한은 헬라인과 히브리인이 모두 중요한 핵심을 이해할 수 있도록 가장 적절한 단어를 선택한 것이다.

이런 방식은 성경 전권에서 이어진다. 골로새서가 쓰인 시대에 존재하던 영지주의(Gnosticism)를 이해하지 못하면 골로새서를 온전히 이해하기 어렵고, 유대인들이 이방 땅이었던 갈라디아 지방으로 이주하면서 이곳의 교회에서 만난 개종한 이방인들과 문화적 차이로 부딪혔던 시대적 배경을 이해하지 못하면 갈라디아서를 이해할 수 없다. 유대 문화를 이해하지 못하면 마태복음도 이해할 수 없다. 성경을 온전히 이해하기 위해서는 반드시 문화적 이해가 병행되어야 한다.

이 분야를 공부하는 데 도움이 될 만한 책으로 알프레드 에더스하임(Alfred Edersheim)이 쓴《메시아: 예수 그리스도의 생애와 시대 The Life and Times of Jesus the Messiah》(Eerdmans,1974)와 랄프 고어(Ralph Gower)의《The New Manners and Customs of Bible Times》(Moody, 2005)을 추천한다.

우리가 이해해야 하는 세 번째 차이점은 지리적 환경이다. 성경에서 사람들이 여리고로 '내려'갔다는 내용이 나올 때 그것은 무슨 의미인가? 여리고는 해수면보다 250미터 정도 낮은 저지대에 위치하고 있기 때문에 여리고로 들어가기 위해서는 '내려'가야 한다. 성경에서 예루살렘으로 '올라'갔다고 하는 것은 예루살렘이 말 그대로 '위', 즉 고원 지대에 있기 때문이다.

데살로니가전서 1장 8절은 이렇게 말한다. "주의 말씀이 너희에게로부터 마게도냐와 아가야에만 들릴 뿐 아니라 하나님을 향하는 너희 믿음의 소문이 각처에 퍼졌으므로 우리는 아무 말도 할 것이 없노라." 데살로니가 사람들의 믿음이 얼마나 굉장한가. 바울이 데살로니가전서를 썼을 때는 데살로니가에 다녀온 지 얼마 지나지 않았을 때였다. 바울이 데살로니가에 짧은 기간밖에 머무르지 않았음에도 그들에 대한 증언이 이미 널리 퍼져 있었다. 어떻게 소문이 그렇게 빨리 퍼질 수 있었을까?

당시 이 지역의 지리적 환경을 살펴보면, 에그나티아 가도(기원전 2세기 후반 발칸반도에 건설된 고대 로마의 도로—옮긴이)가 데살로니가를 관통하고 있다는 것을 알 수 있다. 데살로니가는 발칸반도를 동서로 가로지르는 에그나티아 가도의 중앙에 위치하고 있었기 때문에 그곳에서 일어나는 일은 무엇이든 에그나티아 가도를 따라 전파되었던 것이다. 이 정도의 지리적 지식만으로도 말씀을 얼마나 더 풍성하게 이해할 수 있는지 알겠는가?

마지막으로 역사적 차이도 이해해야 한다. 문맥 이면의 역사를 알아야 이해하기 쉽다. 요한복음에서 예수님과 빌라도의 대화를 이해하는 핵심 열쇠는 당시의 역사를 이해하는 데 있다. 로마 황제를 숭배하는 빌라도가 그곳에 부임하자 유대인들과 제사장들은 분노했다. 시작부터 유대인들과 좋지 않았던 그는 유대인들에게 강압 정책을 펼쳤다. 하지만 빌라도의 비리를 알고 있었던 유대 지도자들이 그를 로마에 고발하여 그는 총독직에서 거의 쫓겨날 뻔했다. 그는 유대인들을 두려워하여 예수님이 무죄하다는 것을 알면서도 유대인들에게 십자가에 그를 못 박도록 내준 것이다.

성경의 의미를 파악하기 위해서는 이런 역사적 배경을 이해해야 한다. 다양한 출처에서 이러한 정보를 얻을 수 있는데, 그 중 하나는《The Zondervan Pictorial Encyclopedia of the Bible》(Zondervan, 1976)이다. 그 외에도 좋은 성경 사전을 찾아보는 것도 도움이 될 것이다.

성경을 해석한다는 것은 간극을 메우는 것이다. 다양한 자료를 활용해 성경을 해석하면 위에서 언급한 세 가지 간극이 메워질 것이다. 이때 주의해야 할 원리는 무엇일까?

해석의 원리

성경을 정확히 이해하기 위해서는 해석의 출처뿐 아니라 해석의 원리에 대해서도 이해해야 한다. 다시 말해 성경의 정확한 이해를 위해서는 다섯 가지 원리에 따라야 한다.

첫째, 문자적 원리다. 성경을 문자 그대로, 정상적이고 자연스럽게 이해해야 한다는 뜻이다. 비유와 상징도 있지만 그것 역시 보통의 언어다. 스가랴, 다니엘, 에스겔, 이사야, 요한계시록 같은 예언서 본문에는 짐승과 이미지가 많이 등장한다. 비유와 상징이면서도 문자 그대로의 의미도 담겨 있다. 평범하고 자연스럽게 성경을 해석하라. 그렇지 않으면 부자연스럽고 인위적이며 비합리적으로 해석하게 된다.

일례를 살펴보자. 아브라함(Abraham)의 이름에서 자음(b,r,h,m)만 골라 더하면 318이 되며(히브리어는 각 문자마다 숫자값이 있다─옮긴이), 이는 곧 그가 318명의 하인을 두었다는 의미라고 해석하는 랍비들이 있었다. 하지만 그런 의미가 아니다. 그냥 아브라함일 뿐이다.

그래서 문자 그대로 평범하고 자연스럽게 해석해야 한다. 만일 어떤 사람이 당신을 따라와 성경 구절에 숨겨진 비밀스러운 의미가 있다고 하며 "율법 조문은 죽이는 것이요 영은 살리는 것이니라"(고후3:6)라는 구절을 인용한다면 조심해야 한다. 이런 사람은 그 비밀스러운 의미를 찾아내기 위해 우화적 방법을 활용한다. 그러니 무슨 뜻인지 알 수나 있겠는가? 아무도 모른다. 그저 그렇게 끼워 맞췄을 뿐이다. 이런 오류를 범해서는 안 된다. 문자 그대로 성경을 해석하라.

둘째, 역사적 원리에 따라 성경을 읽어야 한다. 성경이 기록되던 때 혹은 말씀을 처음 들었던 당시의 원독자들에게 그 말씀은 어떤 의미였을까? 역사적 맥락이 없는 텍스트는 핑계에 불과하다. 많은 경우에 역사적 배경을 알아야 저자의 생각을 제대로 이해할 수 있다.

역사적 배경을 파악한다는 것은 앞서 언급한 네 가지 차이점뿐 아니라 성경의 저자와 그 책이 쓰인 시대에 대한 전기적 정보를 이해하는 것까지 포함한다.

이런 부분에 도움이 될 만한 자료가 꽤 많은데,《맥아더 성경 주석 *The MacArthur Study Bible*》에 상당 부분이 정리되어 있다. 신약성경의 역사적 배경에 대해 보다 자세히 알고 싶다면 《*The Macarthur New Testament Commentary*》 시리즈(Moody Publisher)를 찾아보라.

셋째, 문법적 원리에 대한 이해가 있어야 한다. 문법을 공부하기 위해서 우리는 문장과 더불어 전치사, 대명사, 동사, 명사 등의 품사를 알아야 한다. 우리는 학교에서 문장을 도식화하여 분석하고 의미를 파악하는 방법을 배웠다.

일례를 살펴보자. 마태복음 28장 19~20절에는 그리스도의 지상명령이 나온다. "그러므로 너희는 가서 모든 민족을 제자로 삼아 아버지와 아들과 성령의 이름으로 세례를 베풀고 내가 너희에게 분부한 모든 것을 가르쳐 지키게 하라." 19절의 시작 부분에 나오는 '가서'는 '(제자로) 삼아', '(세례를) 베풀고', '가르쳐'와 마찬가지로 동사처럼 보인다.

하지만 원문장을 분석해 보면, 이 문장에서 동사는 '제자로 삼아'에 쓰인 '마데튜사테(mathēteusate)' 하나뿐이다. '가서', '(세례를) 베풀고', '가르쳐'는 모두 분사일 뿐인데, 번역되면서 주동

사로 바뀐 것이다. 따라서 마태복음 28장의 지상명령의 메시지는 '(제자로) 삼으라'는 것이며, 제자로 삼기 위해 '가서'(세례를) 베풀고 '가르쳐'야 한다는 뜻이다. 이처럼 문법을 이해해야 예수님이 우리에게 주신 지극히 큰 명령이 충만하게 드러난다.

또 다른 예는 마태복음 18장 20절이다. "두세 사람이 내 이름으로 모인 곳에는 나도 그들 중에 있느니라." 이 말씀을 두고 때로는 이렇게 적용한다. "형제자매 여러분, 우리도 두세 사람이 여기 모였으니, 주님께서 여기 계십니다." 기도 모임에서 자주 들어봤을 것이다. 하지만 내가 혼자 있어도 주님께서는 그곳에 계시기 마련이다. 따라서 기도 모임과는 무관한 구절인 셈이다. 맥락과 문법을 파악하면 쉽게 이해할 수 있는 부분이다. 이 구절은 누군가를 징계하거나 출교시킬 때, 그의 죄가 두세 증인에게만 확증되어도 족한 이유는 그리스도께서 각 사람 안에 계시기 때문이라는 의미다. 그래서 구절의 의미를 완전히 이해하기 위해서는 문법을 꼼꼼히 살펴보아야 한다.

넷째, 종합적 원리다. 개혁주의자들은 성경은 하나로 종합된다는 의미로 '성경의 유비'(analogia scriptura, 성경은 하나님의 영감으로 기록된 하나님의 계시로서 최종적인 권위를 가지고 있으므로 성경을 해석할 때는 성경 이외의 다른 문헌이나 전통 또는 사상이 아닌 성경 그 자체에 근거해야 한다는 성경 해석의 원리—옮긴이)라고 부르는데, 다시 말해 성경의 내용이 서로 모순되지 않는다는 뜻이다. 그래서 성경을 공부하다 보면 모두 하나로 종합된다.

예를 들어, 바울이 죽은 자들을 위해 세례 받는 것에 대해 말하는 고린도전서 15장 29절을 읽을 때 당신은 "음, 참신한 발상이야. 죽은 자를 대신해 세례를 받음으로써 그도 구원을 얻을 수 있겠군"이라고 말하겠는가? 성경에서 죽은 사람을 대신해 세례 받는 것을 허락하는가? 성경 어디에서 그렇게 말하는가? 구원의 교리와 모순되지 않는가? 성경의 어떤 구절도 그렇게 가르치고 있지 않으므로 그 구절은 그렇게 해석할 수 없다. 이것이 종합적으로 이해한다는 원리다.

복음주의 신학자 제임스 패커(James Packer)는 이런 멋진 말을 남겼다. "성경은 토스카니니처럼 성령님이 지휘하는 교향악단과 비슷하다. 각 악기들은 그것들 중 어떤 것도 전체적인 음악을 들을 수는 없지만 위대한 지휘자가 이끄는 대로 스스로 기꺼이 창의적으로 음을 연주한다. 각 파트의 주제는 나머지 다른 부분과의 관계 속에서 이해될 때 완전히 파악된다"(《*God Has Spoken*》중에서).

　이는 성경에 모순이 없다는 말이다. 모순처럼 보이는 것도 그 정보를 알면 풀어낼 수 있다. 성경은 전체로서 통합되기 때문이다.

　하지만 이렇게 말할 수도 있다. "모두 막연하게만 느껴져. 문자 그대로 이해하는 원리와 다른 원리들 모두가 말이야. 도대체 내 삶에는 언제 적용하는 거야?" 마지막 질문이다. 그래서 어떻게 해야 할까? 성경을 해석하고자 할 때, 당신의 삶을 위한 의미는 어떻게 찾아야 할까? 성경 공부를 통해 실천적 원리를 찾도록 하라.

　"성경을 원리화하는 것을 배우라." 내가 입버릇처럼 하는 말이다. 성경을 읽고 당신의 삶에 적용할 수 있는 영적 원리가 무엇인지 알아내라. 하지만 그전에 문자, 역사, 문법, 종합적 원리를 파악해야 한다. 말씀을 통해 그 의미를 알아낸 뒤에야 그것을 생활에 어떻게 적용할지 고민하는 단계에 이르는 것이다.

　이상이 성경을 해석하는 방법이다. 성경을 읽다 보면 가끔 까다로운 부분을 접하게 된다. 성경 사전이나 해설서에서 약간의 도움을 받아, 모든 원리를 종합적으로 적용해 보라. 문자적 의미는 무엇인가? 역사적 배경은 무엇이고, 문법 구조는 어떻게 되는가? 성경 나머지 부분과 어떻게 이어지는가? 그리고 나에게 어떻게 적용되는가?

세 번째 방법: 성경에 대해 묵상하라

하나님의 말씀을 공부할 때 서두르지 말라. 신명기 6장 6~7
절에서는 이렇게 말한다. "오늘 내가 네게 명하는 이 말씀을 너
는 마음에 새기고 네 자녀에게 부지런히 가르치며 집에 앉았을
때에든지 길을 갈 때에든지 누워 있을 때에든지 일어날 때에든

지 이 말씀을 강론할 것이며." 즉, 하나님 말씀이 언제나 당신의 마음속에 흐르게 하라는 뜻이다.

구약성경을 통독하고 연달아 신약성경을 서른 번쯤 읽으면 하나님의 말씀이 항상 당신의 마음에 흐르게 될 것이다. 묵상은 성경의 모든 부분을 수용하여 성경의 진리에 대한 종합적인 이해를 형성하는 과정이다.

하나님 역시 신명기 6장 8~9절에서 말씀하신다. "너는 또 그것을 네 손목에 매어 기호를 삼으며 네 미간에 붙여 표로 삼고 또 네 집 문설주와 바깥문에 기록할지니라." 즉, 하나님은 "나는 네가 일어설 때나, 누울 때나, 걸을 때나, 앉을 때 말씀이 항상 네 입에 있기를 바란다. 그리고 너의 집 앞과 문간에 그것을 붙이고, 팔에 매고 미간에 붙여 두기를 바란다. 나는 그것이 어디에나 있기를 바란다!"라고 말씀하신 것이다.

하지만 우리는 거리를 지날 때면 술 광고, 포르노그래피, 욕설 섞인 유머 등 도덕적 쓰레기의 끊임없는 공격을 받아 그 오물들이 머릿속으로 흘러들어오게 되는 문화에 살고 있다. 하지만 하나님은 우리가 주님의 말씀을 마음에 새겨 어디를 가더라도 말씀으로 우리의 마음과 입술을 채워야 한다고 말씀하신다.

누군가 이렇게 물었다. "잠이 안 올 때 양을 세나요?" 그러자 상대가 대답했다. "아니요, 나는 목자를 찾습니다." 이것이 하나님께서 당신의 백성이 행하기를 바라시는 것이다. 목자께 말하기, 곧 묵상이다.

시편 1편 1~2절은 말한다. "복 있는 사람은 악인들의 꾀를 따르지 아니하며 죄인들의 길에 서지 아니하며 오만한 자들의 자리에 앉지 아니하고 오직 여호와의 율법을 즐거워하여 그의 율법을 주야로 묵상하는도다." 계속해서 반복해 되새김질하는 소처럼 말씀에 대한 묵상을 계속하고 또 계속하라.

• • •
네 번째 방법: 성경을 가르치라

마지막으로 성경 가르치기에 대해 알아보자. 성경을 배우는 가장 좋은 방법은 성경을 가르치는 것이다. 내가 잘 가르칠 수 있는 것은 바로 자신이 잘 알고 있는 내용이다. 제대로 이해하지 못하고서 어떻게 가르치겠는가? 어떤 사람이 설명하는 것을 들을 때 그 내용이 이해되지 않는다면 아마도 말하는 사람 자신도 그 주제에 대해 제대로 알지 못할 가능성이 크다. 다른 이를 이해시키기란 어려운 일이다. 그러려면 자신이 그 주제에 대해 통달해야 하기 때문이다.

당신은 교사로서 주제에 통달해야 한다. 누군가를 가르친다면 당신이 그것을 알고 있다는 뜻이다. 다른 사람을 가르치면서 그것이 어떻게 당신 자신에게 공부가 되는지 살펴보라. 나는 공부를 향한 개인적 동기는 책임감에서 온다고 믿는다. 누군가를 가르치지 않으면 아무것도 생산해 내지 못한다.

이러한 이야기가 당신이 성경을 더욱 깊이 공부하는 데 도움이 되기를 기도한다. 성경을 읽고, 해석하고, 묵상하고, 가르치라. 하지만 당신이 이 모든 것을 해냈다는 생각이 들더라도 자만해서 이렇게 말하지 말라. "드디어 경지에 이르렀어. 난 이제 모든 것에 통달하게 된 거야." 신명기 29장 29절의 말씀을 기억하라. "감추어진 일은 우리 하나님 여호와께 속하였거니와." 당신이 성경대로 말하고 행하고 배웠다 해도, 하나님의 무한한 마음의 겉만 핥은 데 불과하다. 말씀을 배우는 목적이 무엇인지 알겠는가? 하나님의 말씀을 공부하는 목적이 지식을 위한 지식을 얻기 위함이 되어서는 안 된다. 바울이 말했듯 "지식은 교만하게"(고전8:1) 하기 때문이다. 당신의 목적은 하나님을 '아는' 것이고, 하나님을 아는 것은 곧 '겸손을 배우는' 것이다.

🏛 정리하기

1. 성경 공부는 무엇으로 시작되는가?

2. 구약성경을 통독하는 바람직한 방법을 설명하라.

3. 바울이 골로새서 1장 26절에서 언급한 "비밀"은 무엇인가? 바울이 선교 여행을 하는 주목적은 무엇이었나?

4. 구약성경에 비해 신약성경을 읽는 데 더 많은 노력을 기울여야 하는 이유는 무엇인가?

5. 신약성경을 읽는 바람직한 방법을 설명하라.

6. 성경을 공부하기 좋은 방법은 무엇인가?

7. 같은 번역본의 성경을 반복해 읽는 장점은 무엇인가?

8. 성경을 반복해서 읽기 시작하면 어떤 일이 벌어지는가?

9. 성경 해석은 어떤 질문에 답하는가?

10. 느헤미야 8장 8절에서 이스라엘 백성들은 무엇을 했는가?

11. 디모데전서 4장 13절에서 바울은 디모데에게 무엇을 명하였으며, 그 의미는 무엇인가?

12. 《탈무드》에서는 바벨탑 이야기를 어떻게 잘못 해석했는가? 정확한 해석은 무엇인가?

13. 베드로후서 2장 20절은 어떤 식으로 잘못 해석되는가? 그러면 정확한 해석은 무엇인가?

14. 바울은 성경의 의미를 자의적으로 해석하려는 이들에게 무엇이라 말했나? (고후2:17)

15. 깊이 없는 얄팍한 해석을 주의해야 하는 중요한 이유는 무엇인가?

16. 성경 구절을 정신적인 의미로 잘못 해석하는 예를 들어 보라.

17. 성경을 공부하면서 겪게 되는 언어의 차이를 보여 주는 예를 들어 보라.

18. 언어의 간극을 메울 수 있는 바람직한 방법은 무엇인가?

19. 요한복음 1장 1절은 현대와 1세기 사이에 존재하는 문화

적 간극을 어떻게 보여 주는가?

20. 성경이 쓰여질 당시의 지리적 환경에 대한 이해가 성경 해석에 있어서 중요한 이유를 보여 주는 예를 들어 보라.

21. 빌라도와 예수님 간의 상호작용을 이해하기 위해 어떤 간극을 메워야 할까?

22. 성경을 해석할 때 따라야 할 첫 번째 원리는 무엇인가?

23. 성경을 읽을 때 역사적 배경을 파악하며 읽는 것이 중요한 이유는 무엇인가?

24. 마태복음 28장 19~20절을 문법적 원리에 따라 설명하라.

25. 성경 해석과 관련하여 종합적 원리에 대해 설명하라.

26. 성경을 해석할 때 당신 삶에서의 의미를 어떻게 찾을 수 있을까?

27. 신명기 6장 8~9절에 따르면 하나님은 당신의 말씀이 어디에 있기를 바라시는가?

28. 성경 말씀을 배우는 가장 좋은 방법은 무엇인가?

▐▐ 생각해 보기

1. 신·구약성경을 모두 읽을 계획을 세워 보라. 하루 중 언제 성경을 읽을지 결정하라. 그리고 구약성경의 창세기부터 읽기 시작하라. 신약성경의 어떤 권을 정해 매일 읽으라. 30일 동안 매일 30분 정도 투자하면 완독할 수 있도록 분량을 나누라. 그리고 오늘부터 읽기 시작하라.

2. 성경의 특정 부분을 공부하고자 하지만 그 방법을 몰랐다면, 이제는 알게 되었을 것이다. 공부에 투자할 시간 계획을 세우라. 이번 장에서 언급한 공부에 유용한 도구 중 아무것도 없다면 도서관에 가면 된다. 공부를 할 때는 해석의 오류를 피하도록 주의해야 한다. 언어, 문화, 지리, 역사적 간극을 메우려 노력하라.

마지막으로, 적절한 해석 원칙을 따르라. 무엇보다 공부의 목적이 성경의 의미를 배우는 것뿐 아니라 이를 당신의 생활에 적용하는 법을 배우는 데 있다는 사실을 명심하라.

존 맥아더의
어떻게 성경을 공부하는가?

1판 1쇄 2017년 10월 25일 발행
1판 2쇄 2021년 6월 10일 발행

지은이 · 존 맥아더
옮긴이 · 임지연
펴낸이 · 김정주
펴낸곳 · ㈜대성 Korea.com
본부장 · 김은경
기획편집 · 이향숙, 김현경
디자인 · 문 용
영업마케팅 · 조남웅
경영지원 · 공유정, 마희숙

등록 · 제300-2003-82호
주소 · 서울시 용산구 후암로 57길 57 (동자동) ㈜대성
대표전화 · (02) 6959-3140 | 팩스 · (02) 6959-3144
홈페이지 · www.daesungbook.com | 전자우편 · daesungbooks@korea.com

ISBN 978-89-97396-78-8 (03230)
이 책의 가격은 뒤표지에 있습니다.

Korea.com은 ㈜대성에서 펴내는 종합출판브랜드입니다.
잘못 만들어진 책은 구입하신 곳에서 바꾸어 드립니다.

이 도서의 국립중앙도서관 출판시도서목록(CIP)은 e-CIP홈페이지(http://
www.nl.go.kr/ecip)와 국가자료공동목록시스템(http://www.nl.go.kr/
kolisnet)에서 이용하실 수 있습니다.(CIP제어번호: CIP2017024682)